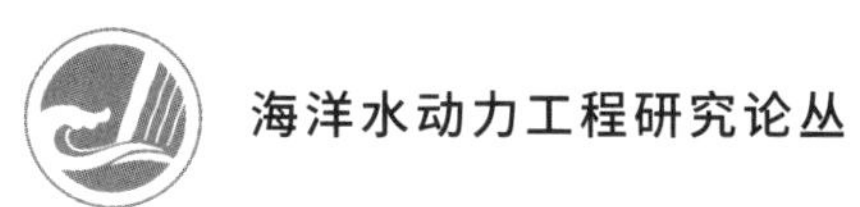

Research of Wave Crest Height and
Wave Force of Wharf Deck on
Gravity Pillar Type Wharf

重力墩式码头波峰面高度及面板受力研究

刘海源　陈汉宝　张　维　刘红彪　曹玉芬　著

人民交通出版社股份有限公司
北　京

内 容 提 要

本书通过理论分析和模型试验,提出了单个圆形沉箱、准椭圆形沉箱重力墩式结构波峰面高度以及圆形沉箱单排、双排群墩波峰面高度半经验计算公式,同时给出了群墩码头面板所受波浪上托力计算公式。

本书可供海洋及港口海岸工程相关专业学生、科技人员等参考使用。

图书在版编目(CIP)数据

重力墩式码头波峰面高度及面板受力研究 / 刘海源等著. — 北京 : 人民交通出版社股份有限公司, 2021.4

(海洋水动力工程研究论丛)

ISBN 978-7-114-17028-7

Ⅰ. ①重… Ⅱ. ①刘… Ⅲ. ①沉箱码头—墩式码头—波浪—受力性能—研究 Ⅳ. ①U656.1

中国版本图书馆 CIP 数据核字(2021)第 018366 号

海洋水动力工程研究论丛

Zhonglidun Shi Matou Bofengmian Gaodu ji Mianban Shouli Yanjiu

书　　名: 重力墩式码头波峰面高度及面板受力研究

著 作 者: 刘海源　陈汉宝　张　维　刘红彪　曹玉芬

责任编辑: 崔　建

责任校对: 孙国靖　扈　婕

责任印制: 张　凯

出版发行: 人民交通出版社股份有限公司

地　　址: (100011)北京市朝阳区安定门外外馆斜街 3 号

网　　址: http://www.ccpcl.com.cn

销售电话: (010)59757973

总 经 销: 人民交通出版社股份有限公司发行部

经　　销: 各地新华书店

印　　刷: 北京交通印务有限公司

开　　本: 720 × 960　1/16

印　　张: 5.5

字　　数: 95 千

版　　次: 2021 年 4 月　第 1 版

印　　次: 2021 年 4 月　第 1 次印刷

书　　号: ISBN 978-7-114-17028-7

定　　价: 32.00 元

前　言

我国“十一五”期间，经济的高速发展对港口建设需求增大，受深水岸线资源的制约以及船舶大型化的发展，港口码头建设向外海发展，对离岸深水开敞式码头形式的需求日益迫切。

鉴于当时开敞式码头结构主要是桩基透空结构，随着水深增加，这种常规的码头结构形式造价快速提高，投资巨大。为了发展大型的开敞式码头，当时业内专家提出了重力墩式结构。但是对于这种结构码头面高程如何确定，码头所受波浪力如何，在当时的规范中尚未有明确的规定，规范对结构设计的计算方法也不适用。因此，本书针对该结构开展了码头波峰面高度、面板受波浪力及码头面高程确定方法的系统研究。

本书在参阅大量国内外有关文献的基础上，采用理论分析和模型试验相结合的方法，对重力墩式结构码头波峰面高度和码头面板所受波浪力进行了系统研究，提出了单墩和群墩结构波峰面高度半经验计算公式、码头面板所受波浪上托力计算方法，探讨了重力墩式码头面高程的确定方法。

本书的研究成果，可为离岸深水港和大型开敞式码头设计提供参考，还可以为相关规范的修订与制定提供基础性资料，具有一定的推广应用价值。

受作者水平所限，书中难免存在错误、纰漏之处，敬请读者提出宝贵意见。

作　者

2019年8月15日

目　　录

第1章 绪 论

1.1 研究背景

开敞式码头面高程的确定,不仅影响码头建设的经济性,还对码头结构、装卸设备、工作人员的安全以及码头作业方便起到重要作用。当时的开敞式码头面高程的确定方法仅适用于透空的桩基梁板结构,不适用重力式结构和复合结构,同时规程规定方法中对波峰面高度的计算没有考虑波浪与建筑物相互作用后的变化。虽然公式中有一富余高度Δ(0～1.0m),但由于波浪与墩柱的相互作用,受波浪反射、绕射的影响,波峰面高度比没有建筑物时加大,以及水位的不同,其增加的量值可能超过富余高度Δ。因此,通过试验得出波浪与结构物作用后波峰面变化规律,得到一种更为普遍的计算方法。对于今后类似工程有重要的借鉴和推广意义。同时也可为离岸深水码头建设研究积累基础数据和提供研究参考。

基于以上开敞式码头面高程确定,对开敞式码头工程建设具有重要意义。2005年为了响应国家振兴东北老工业基地的战略,适应"要把大连建设成为东北亚重要的国际航运中心"的重大战略决策,交通部西部交通建设科技项目管理中心对"东北地区大型开敞式码头建设关键技术研究"进行了立项,并依托大连新港新30万吨级(兼45万t)进口原油码头工程和大连港老港区散货码头搬迁改造工程,针对大型开敞式码头结构、荷载和码头面高程三个方面的关键技术进行研究。大连新港新30万吨级进口原油码头工程位于大连市鲇鱼湾新港区,建设规模为30万吨级(兼45万t)原油泊位1个,设计通过能力2500万t/a,码头采用大型圆形沉箱(准椭圆形沉箱)重力墩式结构,码头前沿底高程-27.0m。大连港老港区散货码头搬迁改造工程位于大连市大孤山半岛。根据国际海运市场的现状和发展趋势,结合工程的货运量及流向,确定建设一个15万吨级铁矿石进出口泊位,陆上建设容量约为360万t的矿石堆场及其配套设施。码头设计通过能力为进口铁矿石700万t/a、出口铁矿石200万t/a。码头前沿底高程-18.6m,采用大型圆形沉箱重力墩式结构。两个工程码头均面对外海,完全开敞,没有任何掩护措施。

本书正是在这样的背景下依托“东北地区大型开敞式码头建设关键技术研究”子项目三——大型开敞式码头面高程确定方法研究，针对开敞式码头圆形沉箱重力墩式结构波峰面变化规律进行了理论分析和试验研究，并在此基础上进一步对开敞式码头圆形沉箱重力墩式结构码头面板受力情况进行了研究，旨在为开敞式圆形沉箱重力墩式码头面高程的确定提供依据，促进我国开敞式码头建设的发展。

1.2 本书的研究内容

圆形沉箱重力墩式码头面高程的确定与码头处最大波峰面高度及码头面板所受波浪上托力密切相关。圆形沉箱重力墩式码头与桩基结构相比，其对波浪的反射不能忽略。本书研究了圆形沉箱重力墩式码头最大波峰面高度的变化规律，并在此基础上研究了码头面板底部所受波浪上托力，最终为码头面高程的确定提供依据，研究内容包括如下几个方面。

(1)针对圆形沉箱单墩、准椭圆形沉箱单墩、单排和双排圆形沉箱群墩情况，通过规则波和不规则波系列物理模型试验，对圆形沉箱重力墩式结构波峰面变化规律进行研究分析，总结归纳圆形沉箱重力墩波峰面高度的经验公式。

(2)针对双排圆形沉箱重力墩情况，对圆形沉箱重力墩式开敞式码头面板底部波浪上托力进行研究分析。

(3)综合波峰面高度和码头面板底部所受波浪上托力情况，对开敞式圆形沉箱重力墩码头面高程的确定方法进行了分析和探讨。

1.3 研 究 方 法

本书的研究方法：主要通过波浪物理模型试验对开敞式圆形沉箱重力墩码头结构波峰面高度及码头面板底部所受波浪上托力进行研究。其主要目的是为码头面高程的确定提供依据。具体的研究思路如下：

首先对影响开敞式圆形沉箱重力墩码头结构波峰面高度及码头面板底部波浪上托力的因素进行分析，以此进行模型的设计和试验方案与组次的确定。

对于波峰面高度的测量，先通过目测得到最大波峰面的位置，然后布置传感器进行测量。对于最大波峰面高度的确定，可以通过以下关系式进行表达：

$$\eta_0 = f[H,(B,D,L),\theta] \tag{1-1}$$

式中：η_0——最大波峰面高度(m)，该波峰面高度为入射波与墩柱作用后的结果；

H——入射波高(m)；

(B,D,L)——墩(群墩)的特性及与波长的关系，通过波长关系也表示了周期与水深的关系，B 为墩间距，D 为墩直径，L 为波长；

θ——波浪入射角度。

在波浪不破碎的情况下，可以将 $f(H)$ 项独立，则式(1-1)则变为：

$$\eta_0 = f(H) \cdot f[(B,D,L),\theta] \tag{1-2}$$

$f(H)$ 可以表达为 $f(H) = k(H + h_s)$，h_s 为考虑波浪的非线性而引入的因子，即波高在静水面上的超高。

波浪中线超出静水面的高度计算公式：

$$h_s = \frac{\pi H^2}{L} \mathrm{cth} \frac{2\pi d}{L} \tag{1-3}$$

然后通过试验对系数进行调整。k 最大为接近于 1.0 的系数，与墩形状有关，如：对于圆墩 $k = 0.7$，对于椭圆墩 $k = 0.8$ 等。该系数可以通过单墩试验获得。

对于波峰面高度与单排、双排墩的关系，通过试验建立单排、双排墩时波峰面高度变化的规律，从而找到两者的关系。对于波峰面高度与墩间距、墩尺度及波长的关系，以及波峰面高度与波浪入射角度的关系，通过单排试验，进行不同波高和周期、墩间距、入射角的试验，并将波峰面高度无量纲化，从而得到 $f[(B,D,L),\theta]$。

在得到最大波峰面高度的规律之后，对码头面板受力进行试验分析。由于影响波浪上托力的因素非常复杂，而试验数据通常又存在一定的局限性和离散性，同时不同的结构形式对波浪上托力的影响很大。本书通过调整码头面板底部高程与静水面之间的距离，旨在研究码头面板波浪上托力的作用特点，分析面板所受上托力试验成果与已有研究成果之间的关系，从而得到合适的计算方法，给出相应的计算公式。

最后根据最大波峰面高度及码头面板受力规律来分析码头面高程确定方法。整个研究的技术路线如图 1-1 所示。

对国内外已有相关研究成果分析
研究思路
模型设计，确定试验组次
依据波峰面高度试验结果
波峰面高度试验
波浪上托力试验
单墩试验
得到$f=k(H+h_s)$
单排试验
找出单、双排
之间的关系
双排试验
分析码头面板底部所受波浪上托力特征，与以往研究成果进行对比
找出群墩间墩特性、波长与波峰面高度关系，并将最大波峰面高度无量纲化，拟合公式
分析本次试验与以往经验公式的关系
在已有成果基础上，得到码头面板受力公式
得到最大波峰面高度拟合公式
综合两者因素，分析码头面高程确定方法

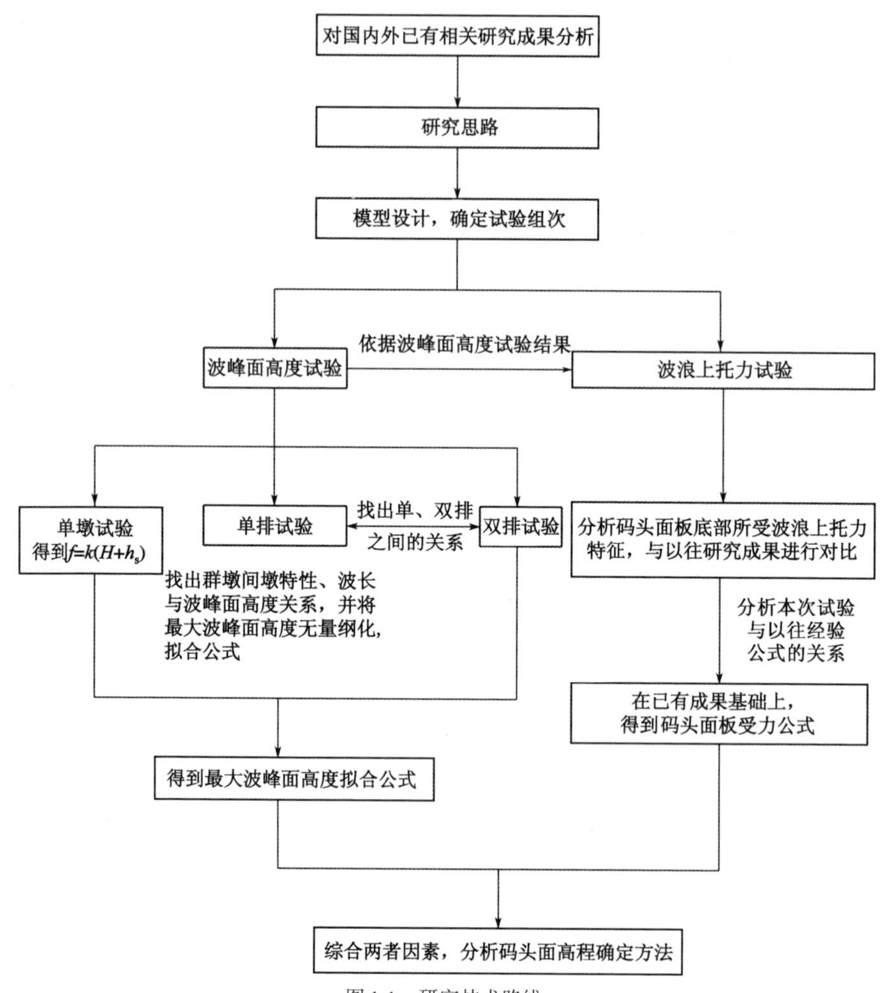

图 1-1　研究技术路线

第 2 章　物理模型试验概况

2.1　试验目的与内容

通过对多种组合的波浪物理模型试验，给出圆形沉箱重力墩式开敞码头波峰面变化规律及上部结构所受波浪力的规律，为码头面高程的确定提供依据。

圆形沉箱重力墩式开敞码头结构波峰面变化和上部结构受力，一方面与墩柱尺度、间距、几何形状及码头上部结构有关，另一方面与海岸动力要素有关。本次物理模型试验对研究的依托工程中具有代表性的结构形式进行模拟；针对圆形沉箱不同波要素作用下，采用正态、定床物理模型进行规则波和不规则波系列试验，给出圆形沉箱重力墩开敞式码头波峰面变化规律和上部结构所受波浪力的规律。试验内容主要包括：

(1)不同条件下波峰面高度的测定。

(2)不同条件下码头面板所受波浪上托力的测定。

2.2　试 验 要 求

2.2.1　试验水深

在波峰面高度和波浪力测定试验中，采用一种水深条件，通过改变波浪要素模拟各种波浪条件。

2.2.2　波浪条件

(1)试验采用规则波、单向不规则波进行。

(2)波浪入射角范围 0°~90°(波向与码头走向轴线的夹角)。

(3)根据我国沿海开敞式码头建设海区波浪情况，试验波浪特征要素按以下原则确定。

①波高水深比 H/d 的范围为 0.1~0.5；

②波陡 H/L 的范围为 1/30~1/14；

③水深波长比 d/L 的范围为0.1~0.6。

2.2.3 结构方案

(1)地形为平底。

(2)码头下部结构采用圆形沉箱或准椭圆形沉箱。

(3)波浪力测定试验:对码头上部结构进行简化,只测定码头面板所受波浪上托力。

(4)圆形沉箱结构采用一种直径形式,通过改变墩间距模拟群墩特性。

(5)圆墩的布置形式采用直线形式,单排为5个圆墩,双排为两组5个圆墩。

2.3 试验设备与仪器

试验在波浪港池中进行,港池宽12m、长53m、高1m。港池中配备有3台4m/台吸收式不规则造波机(图2-1),其最大造波水深0.7m,波高为0~35cm,周期0.5~5s。

图2-1 3台4m/台吸收式不规则造波机

波压力测定采用预先埋设微型压力传感器进行,通过TK-2008型动态采集分析系统进行波高和周期数据的采集与分析,采用电容式波高传播器进行波高测量(图2-2、图2-3),利用测针测量水位。试验过程中采用摄像机记录试验现象。

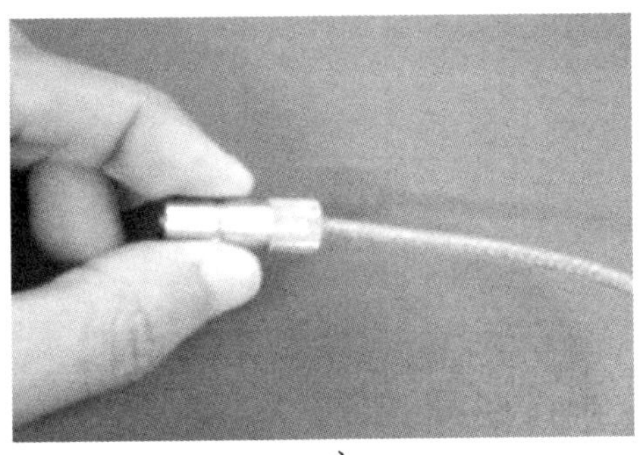

a)

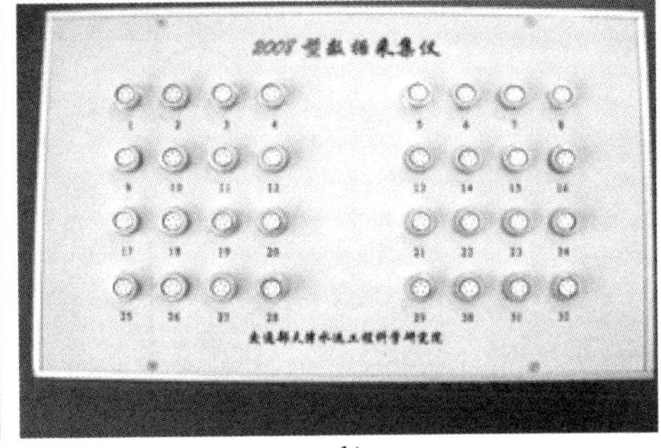

b)

图 2-2　TK-2008 型微型点压力采集系统

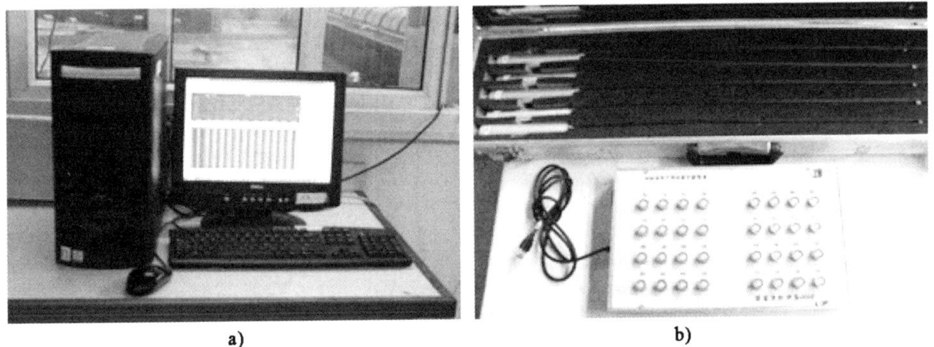

a)　　b)

图 2-3　TK-2008 型电容式波高采集系统

2.4　模型设计

按照试验要求以及试验设备的工作性能，通过必要的试验进行模型设计。

2.4.1　试验水深

模型水深均采用 30cm，地形为平底。

2.4.2　沉箱结构

沉箱分为不开孔圆形沉箱和不开孔准椭圆形沉箱（图 2-4）。模型圆形沉箱直径为 16cm，采用聚氯乙烯（PVC）管材内浇筑水泥砂浆模拟；准椭圆形沉箱采用木材模拟。沉箱高度根据试验波浪设计为 58cm。单排和双排圆形沉箱墩柱试验通过改变墩之间的间距 B 和 B' 进行，B、B' 的取值主要根据依托工程设计的实际情况，以及以往墩柱之间波浪的相互影响研究结果而定。其平面布置见图 2-5、图 2-6。

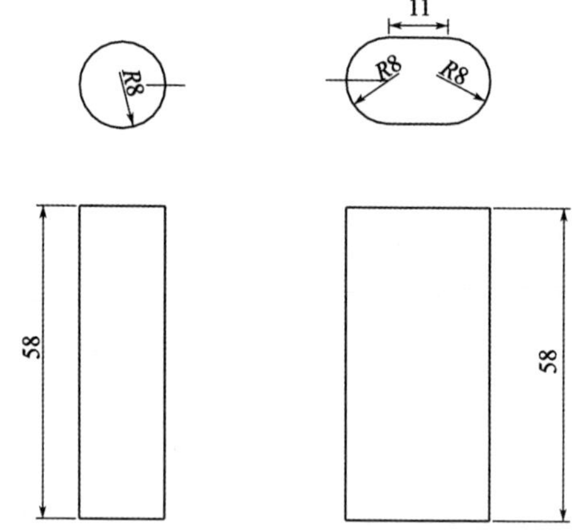

图 2-4　圆形沉箱和准椭圆形沉箱(尺寸单位:cm)

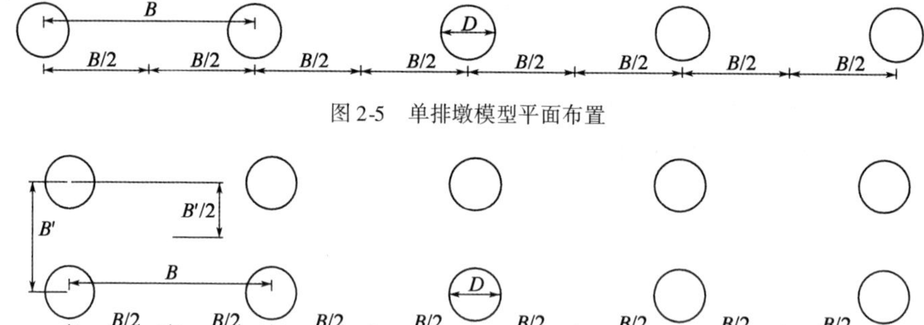

图 2-5　单排墩模型平面布置

图 2-6　双排墩模型平面布置

2.4.3　试验波浪

规则波各组波浪要素见表 2-1。

从表 2-1 可以看到:①波高水深比 H/d 的范围为 0.13 ~ 0.50;②波陡 H/L 的范围为 0.036 ~ 0.071;③水深波长比 d/L 的范围为 0.10 ~ 0.54。

规则波试验波浪要素　　表 2-1

组次	波高 H (cm)	周期 T (s)	水深 d (cm)	波长 L (cm)	d/L	H/L	H/d
1	4	0.6	30	56	0.54	0.071	0.13
2	5	0.8	30	96	0.31	0.052	0.17
3	6	1.0	30	137	0.22	0.044	0.20
4	7	1.2	30	177	0.17	0.040	0.23

续上表

组次	波高 H (cm)	周期 T (s)	水深 d (cm)	波长 L (cm)	d/L	H/L	H/d
5	8	1.4	30	215	0.14	0.037	0.27
6	9	1.6	30	253	0.12	0.036	0.30
7	15	1.8	30	289	0.10	0.052	0.50

不规则波采用频谱不规则波进行模拟，采用谱型为 JONSWAP 谱模拟波浪序列，试验时每组波列模拟波个数在 110 个以上。该谱经过我国海岸工程科研单位和院校的应用，其能够较好反映我国主要沿海的波况。JONSWAP 谱的谱函数解析式为：

$$S(f)=\beta_j H_{1/3}^2 T_P^{-4} f^{-5} \exp\left[-\frac{5}{4}(T_p f)^{-4}\right]\times\gamma^{\exp[-(f/f_P-1)^2/2\sigma^2]} \tag{2-1}$$

$$\beta_j=\frac{0.06238}{0.230+0.0336\gamma-0.185(1.9+\gamma)^{-1}}(1.094-0.01915\ln r)$$

$$T_P=\frac{\bar{T}}{1-0.532(\gamma+2.5)^{-0.569}}$$

$$\sigma=\begin{cases}0.07 & f\leqslant f_P\\ 0.09 & f>f_P\end{cases}$$

其中，$\gamma=1\sim7$（取 2.3）；f_P 为谱峰频率，为谱峰周期 T_P 的倒数；$S(f)$ 为谱密度（$m^2\cdot s$）；$H_{1/3}$ 为有效波高（m）；f 为频率（s^{-1}）；$\bar{T}$ 为平均周期（s）。

考虑到与规则波相对应，其试验组次见表 2-2。

不规则波试验波浪要素　　表 2-2

组　次	波高 $H_{1\%}$ (cm)	平均周期 T(s)
1	4	0.6
2	5	0.8
3	6	1.0
4	7	1.2
5	8	1.4
6	9	1.6
7	15	1.8

入射波向与码头走向轴线的夹角 θ 的定义见图 2-7。

试验中对于单排圆墩试验 θ 取 0°、22.5°、45°、67.5°、90°。

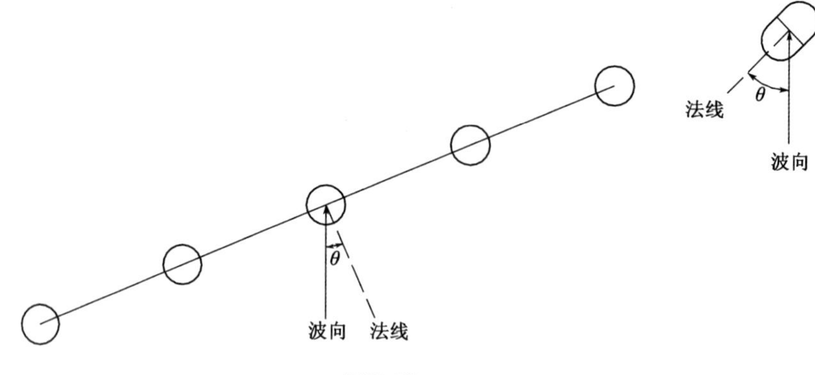

图 2-7　波浪入射角定义

对于准椭圆形沉箱单墩试验 θ 取 0°、45°、90°。

模型正式试验之前，对各组试验波浪进行率定，率定结果见表 2-3、表 2-4。图 2-8、图 2-9 为频谱不规则波模拟结果。

各组规则波波浪要素率定结果　　表 2-3

组　次	波高 H(cm)		周期 T(s)	
	目标值	实测值	目标值	实测值
1	4.0	3.90	0.60	0.62
2	5.0	5.20	0.80	0.82
3	6.0	6.10	1.00	1.05
4	7.0	7.11	1.20	1.20
5	8.0	7.95	1.40	1.41
6	9.0	9.16	1.60	1.59
7	15.0	14.75	1.80	1.77

各组不规则波波浪要素率定结果　　表 2-4

组　次	波高 $H_{1\%}$(cm)		周期 T(s)	
	目标值	实测值	目标值	实测值
1	4.0	3.87	0.60	0.61
2	5.0	5.10	0.80	0.81
3	6.0	5.94	1.00	1.02
4	7.0	7.15	1.20	1.23
5	8.0	8.03	1.40	1.44
6	9.0	9.06	1.60	1.61
7	15.0	14.55	1.80	1.81

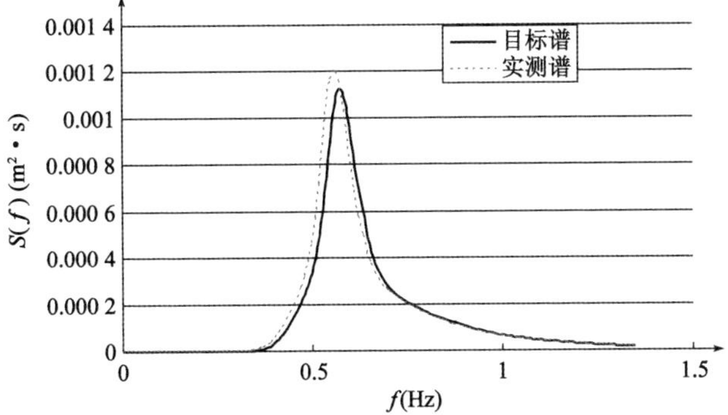

图 2-8 频谱不规则波模拟结果($H_{1\%}$ = 8.0cm, T = 1.40s)

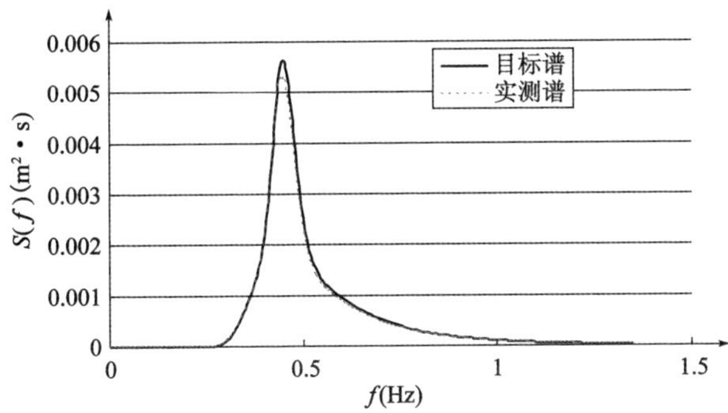

图 2-9 频谱不规则波模拟结果($H_{1\%}$ = 15.0cm, T = 1.80s)

2.4.4 试验组次设计

根据对以往研究成果的分析、《波浪模型试验规程》(JTJ/T 234—2001)的规定和造波机性能进行试验组次设计,波峰面高度测定各试验组次见表 2-5。

波峰面高度测定试验组次　表 2-5

组次	墩形式	波浪类型	墩排数	波高(cm)	周期(s)	墩纵中心间距 B	墩横中心间距 B'	入射角(°)
1	圆墩	规则波	—	4.0	0.60	—	—	0.0
2	圆墩	规则波	—	5.0	0.80	—	—	0.0
3	圆墩	规则波	—	6.0	1.00	—	—	0.0
4	圆墩	规则波	—	7.0	1.20	—	—	0.0
5	圆墩	规则波	—	8.0	1.40	—	—	0.0

续上表

组次	墩形式	波浪类型	墩排数	波高(cm)	周期(s)	墩纵中心间距 B	墩横中心间距 B'	入射角(°)
6	圆墩	规则波	—	9.0	1.60	—	—	0.0
7	圆墩	规则波	—	15.0	1.80	—	—	0.0
8	圆墩	不规则波	—	4.0	0.60	—	—	0.0
9	圆墩	不规则波	—	5.0	0.80	—	—	0.0
10	圆墩	不规则波	—	6.0	1.00	—	—	0.0
11	圆墩	不规则波	—	7.0	1.20	—	—	0.0
12	圆墩	不规则波	—	8.0	1.40	—	—	0.0
13	圆墩	不规则波	—	9.0	1.60	—	—	0.0
14	圆墩	不规则波	—	15.0	1.80	—	—	0.0
15	准椭圆墩	规则波	—	4.0	0.60	—	—	0.0
16	准椭圆墩	规则波	—	5.0	0.80	—	—	0.0
17	准椭圆墩	规则波	—	6.0	1.00	—	—	0.0
18	准椭圆墩	规则波	—	7.0	1.20	—	—	0.0
19	准椭圆墩	规则波	—	8.0	1.40	—	—	0.0
20	准椭圆墩	规则波	—	9.0	1.60	—	—	0.0
21	准椭圆墩	不规则波	—	5.0	0.80	—	—	0.0
22	准椭圆墩	不规则波	—	6.0	1.00	—	—	0.0
23	准椭圆墩	不规则波	—	7.0	1.20	—	—	0.0
24	准椭圆墩	规则波	—	4.0	0.60	—	—	45.0
25	准椭圆墩	规则波	—	5.0	0.80	—	—	45.0
26	准椭圆墩	规则波	—	6.0	1.00	—	—	45.0
27	准椭圆墩	规则波	—	7.0	1.20	—	—	45.0
28	准椭圆墩	规则波	—	8.0	1.40	—	—	45.0
29	准椭圆墩	规则波	—	9.0	1.60	—	—	45.0
30	准椭圆墩	不规则波	—	5.0	0.80	—	—	45.0
31	准椭圆墩	不规则波	—	6.0	1.00	—	—	45.0
32	准椭圆墩	不规则波	—	7.0	1.20	—	—	45.0
33	准椭圆墩	规则波	—	4.0	0.60	—	—	90.0
34	准椭圆墩	规则波	—	5.0	0.80	—	—	90.0

续上表

组次	墩形式	波浪类型	墩排数	波高(cm)	周期(s)	墩纵中心间距 B	墩横中心间距 B'	入射角(°)
35	准椭圆墩	规则波	—	6.0	1.00	—	—	90.0
36	准椭圆墩	规则波	—	7.0	1.20	—	—	90.0
37	准椭圆墩	规则波	—	8.0	1.40	—	—	90.0
38	准椭圆墩	规则波	—	9.0	1.60	—	—	90.0
39	准椭圆墩	不规则波	—	5.0	0.80	—	—	90.0
40	准椭圆墩	不规则波	—	6.0	1.00	—	—	90.0
41	准椭圆墩	不规则波	—	7.0	1.20	—	—	90.0
42	圆墩	规则波	1	4.0	0.60	$1.5D$	—	0.0
43	圆墩	规则波	1	5.0	0.80	$1.5D$	—	0.0
44	圆墩	规则波	1	6.0	1.00	$1.5D$	—	0.0
45	圆墩	规则波	1	7.0	1.20	$1.5D$	—	0.0
46	圆墩	规则波	1	8.0	1.40	$1.5D$	—	0.0
47	圆墩	规则波	1	9.0	1.60	$1.5D$	—	0.0
48	圆墩	规则波	1	4.0	0.60	$2.0D$	—	0.0
49	圆墩	规则波	1	5.0	0.80	$2.0D$	—	0.0
50	圆墩	规则波	1	6.0	1.00	$2.0D$	—	0.0
51	圆墩	规则波	1	7.0	1.20	$2.0D$	—	0.0
52	圆墩	规则波	1	8.0	1.40	$2.0D$	—	0.0
53	圆墩	规则波	1	9.0	1.60	$2.0D$	—	0.0
54	圆墩	规则波	1	4.0	0.60	$2.5D$	—	0.0
55	圆墩	规则波	1	5.0	0.80	$2.5D$	—	0.0
56	圆墩	规则波	1	6.0	1.00	$2.5D$	—	0.0
57	圆墩	规则波	1	7.0	1.20	$2.5D$	—	0.0
58	圆墩	规则波	1	8.0	1.40	$2.5D$	—	0.0
59	圆墩	规则波	1	9.0	1.60	$2.5D$	—	0.0
60	圆墩	规则波	1	4.0	0.60	$3.0D$	—	0.0
61	圆墩	规则波	1	5.0	0.80	$3.0D$	—	0.0
62	圆墩	规则波	1	6.0	1.00	$3.0D$	—	0.0
63	圆墩	规则波	1	7.0	1.20	$3.0D$	—	0.0

续上表

组次	墩形式	波浪类型	墩排数	波高(cm)	周期(s)	墩纵中心间距 B	墩横中心间距 B'	入射角(°)
64	圆墩	规则波	1	8.0	1.40	3.0D	—	0.0
65	圆墩	规则波	1	9.0	1.60	3.0D	—	0.0
66	圆墩	规则波	1	4.0	0.60	4.0D	—	0.0
67	圆墩	规则波	1	5.0	0.80	4.0D	—	0.0
68	圆墩	规则波	1	6.0	1.00	4.0D	—	0.0
69	圆墩	规则波	1	7.0	1.20	4.0D	—	0.0
70	圆墩	规则波	1	8.0	1.40	4.0D	—	0.0
71	圆墩	规则波	1	9.0	1.60	4.0D	—	0.0
72	圆墩	规则波	1	4.0	0.60	2.5D	—	22.5
73	圆墩	规则波	1	5.0	0.80	2.5D	—	22.5
74	圆墩	规则波	1	6.0	1.00	2.5D	—	22.5
75	圆墩	规则波	1	7.0	1.20	2.5D	—	22.5
76	圆墩	规则波	1	8.0	1.40	2.5D	—	22.5
77	圆墩	规则波	1	9.0	1.60	2.5D	—	22.5
78	圆墩	规则波	1	4.0	0.60	2.5D	—	45.0
79	圆墩	规则波	1	5.0	0.80	2.5D	—	45.0
80	圆墩	规则波	1	6.0	1.00	2.5D	—	45.0
81	圆墩	规则波	1	7.0	1.20	2.5D	—	45.0
82	圆墩	规则波	1	8.0	1.40	2.5D	—	45.0
83	圆墩	规则波	1	9.0	1.60	2.5D	—	45.0
84	圆墩	规则波	1	4.0	0.60	2.5D	—	67.5
85	圆墩	规则波	1	5.0	0.80	2.5D	—	67.5
86	圆墩	规则波	1	6.0	1.00	2.5D	—	67.5
87	圆墩	规则波	1	7.0	1.20	2.5D	—	67.5
88	圆墩	规则波	1	8.0	1.40	2.5D	—	67.5
89	圆墩	规则波	1	9.0	1.60	2.5D	—	67.5
90	圆墩	规则波	1	4.0	0.60	2.5D	—	90.0
91	圆墩	规则波	1	5.0	0.80	2.5D	—	90.0
92	圆墩	规则波	1	6.0	1.00	2.5D	—	90.0

续上表

组次	墩形式	波浪类型	墩排数	波高(cm)	周期(s)	墩纵中心间距 B	墩横中心间距 B'	入射角(°)
93	圆墩	规则波	1	7.0	1.20	2.5D	—	90.0
94	圆墩	规则波	1	8.0	1.40	2.5D	—	90.0
95	圆墩	规则波	1	9.0	1.60	2.5D	—	90.0
96	圆墩	规则波	2	4.0	0.60	2.5D	1.2D	0.0
97	圆墩	规则波	2	5.0	0.80	2.5D	1.2D	0.0
98	圆墩	规则波	2	6.0	1.00	2.5D	1.2D	0.0
99	圆墩	规则波	2	7.0	1.20	2.5D	1.2D	0.0
100	圆墩	规则波	2	8.0	1.40	2.5D	1.2D	0.0
101	圆墩	规则波	2	9.0	1.60	2.5D	1.2D	0.0
102	圆墩	规则波	2	4.0	0.60	2.5D	1.5D	0.0
103	圆墩	规则波	2	5.0	0.80	2.5D	1.5D	0.0
104	圆墩	规则波	2	6.0	1.00	2.5D	1.5D	0.0
105	圆墩	规则波	2	7.0	1.20	2.5D	1.5D	0.0
106	圆墩	规则波	2	8.0	1.40	2.5D	1.5D	0.0
107	圆墩	规则波	2	9.0	1.60	2.5D	1.5D	0.0
108	圆墩	规则波	2	4.0	0.60	2.5D	1.8D	0.0
109	圆墩	规则波	2	5.0	0.80	2.5D	1.8D	0.0
110	圆墩	规则波	2	6.0	1.00	2.5D	1.8D	0.0
111	圆墩	规则波	2	7.0	1.20	2.5D	1.8D	0.0
112	圆墩	规则波	2	8.0	1.40	2.5D	1.8D	0.0
113	圆墩	规则波	2	9.0	1.60	2.5D	1.8D	0.0
114	圆墩	规则波	2	4.0	0.60	2.5D	2.1D	0.0
115	圆墩	规则波	2	5.0	0.80	2.5D	2.1D	0.0
116	圆墩	规则波	2	6.0	1.00	2.5D	2.1D	0.0
117	圆墩	规则波	2	7.0	1.20	2.5D	2.1D	0.0
118	圆墩	规则波	2	8.0	1.40	2.5D	2.1D	0.0
119	圆墩	规则波	2	9.0	1.60	2.5D	2.1D	0.0

注：表中波高，对于规则波为平均波高，不规则波均为 $H_{1\%}$；周期，对于规则波、不规则波均为平均周期；圆墩直径 $D=16$cm；墩间距 B、B' 均为相邻圆墩之间中心距，单位 cm。

第3章　单墩波峰面高度研究

单墩波峰面高度变化规律的研究，主要针对圆形沉箱和准椭圆形沉箱展开，以便了解沉箱结构形式对波峰面高度的影响。

3.1　圆形沉箱单墩波峰面高度

首先目测波峰面最大发生位置为圆墩迎浪面顶点处，根据观测情况布置测点，见图3-1。

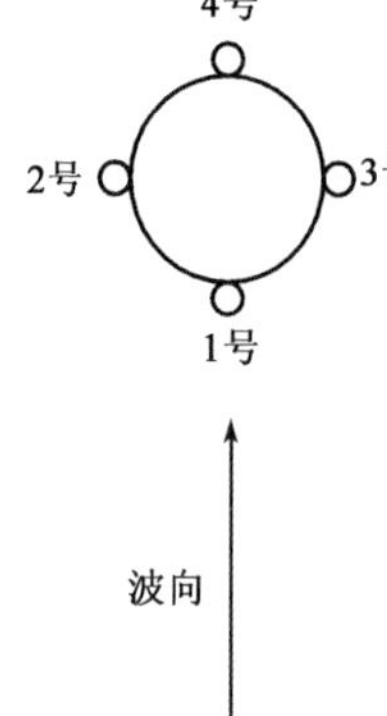

图3-1　单墩试验圆墩波高、波峰面测点布置

试验中波浪作用于圆墩，迎浪面波浪水体沿墩柱上壅，上升到其壅高最大处开始回落，同时两侧波浪绕过圆墩向后传播。当入射波周期较小时，绕射波浪直接向后和两侧传播形成绕射环形波纹；当周期较大时，两侧的绕射波浪水体在墩柱背浪面汇集，使得墩柱背浪侧波高（4号测点）比两侧波高（2号、3号测点）要大，而两侧波高基本相同。图3-2为圆形沉箱单墩试验波况。

各组规则波和不规则波试验，圆形沉箱单墩周围波峰面和波高分布分别见图3-3、图3-4。

图3-2　圆形沉箱单墩试验波况

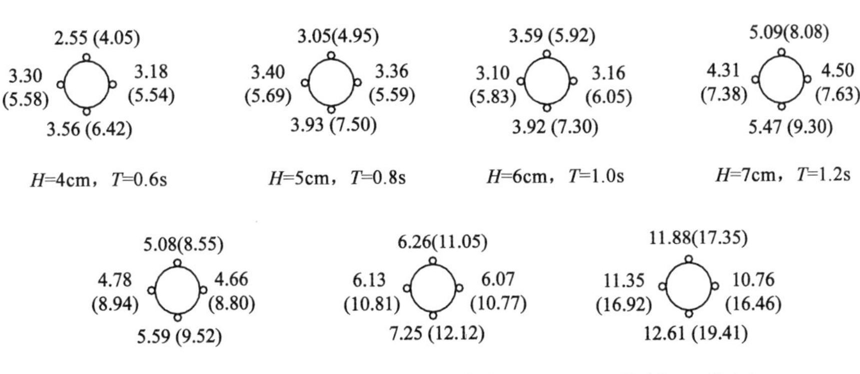

图 3-3 圆形沉箱单墩规则波试验波高与波峰面高度分布[1]

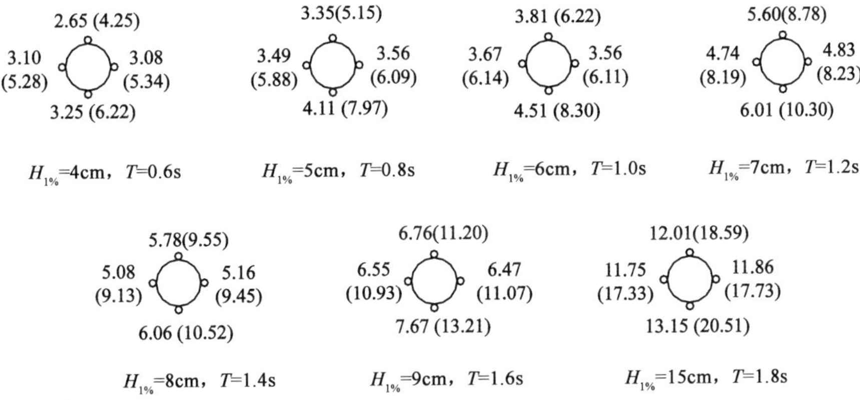

图 3-4 圆形沉箱单墩不规则波试验波高与波峰面高度分布

对规则波和不规则波各组试验最大波峰面高度进行分析，同时考虑波浪非线性影响，引入波峰面计算参数 $h_s = \frac{\pi H^2}{L}\text{cth}\frac{2\pi d}{L}$，分析最大波峰面高度 η_0 与 $(H + h_s)$ 的关系，并拟合该关系。表 3-1 为圆墩各组规则波与不规则波试验 $(H + h_s)$ 和实测最大波峰面高度，图 3-5、图 3-6 分别为规则波和不规则波的拟合关系。

[1] 本书中涉及波高和波峰面分布图时，图中括号中的数为波高，规则波波高为平均波高，不规则波波高为 $H_{1\%}$，括号外的数为对应波峰面高度。单位：cm。

圆墩各组规则波与不规则波试验($H+h_s$)和实测最大波峰面高度　表 3-1

组次	波浪类型	波高(cm)	周期(s)	$H+h_s$ (cm)	实测最大波峰面高度 η_0 (cm)
1	规则波	4.0	0.60	4.90	3.56
2	规则波	5.0	0.80	5.85	3.93
3	规则波	6.0	1.00	6.94	3.92
4	规则波	7.0	1.20	8.10	5.47
5	规则波	8.0	1.40	9.33	5.59
6	规则波	9.0	1.60	10.59	7.25
7	规则波	15.0	1.80	19.27	12.61
8	不规则波	4.0	0.60	4.90	3.25
9	不规则波	5.0	0.80	5.85	4.11
10	不规则波	6.0	1.00	6.94	4.51
11	不规则波	7.0	1.20	8.10	6.01
12	不规则波	8.0	1.40	9.33	6.06
13	不规则波	9.0	1.60	10.59	7.67
14	不规则波	15.0	1.80	19.27	13.15

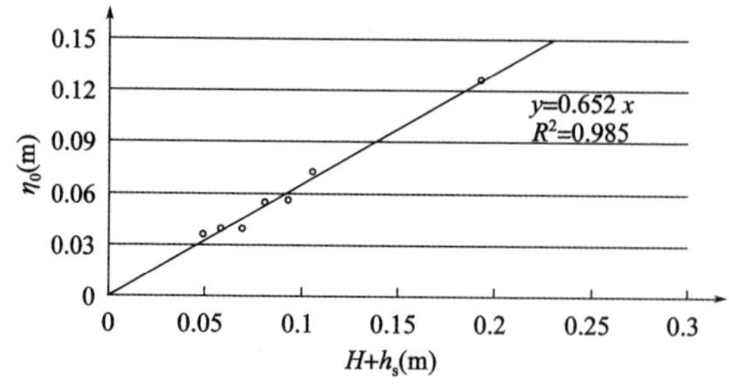

图 3-5　规则波拟合关系

注:H 为平均波高。

从以上实测最大波峰面数据及关系可以看出,最大波峰面高度规则波与不规则波的变化规律差别不大,但总体量值上不规则波稍大于规则波,这与大连理工大学对大连港矿石转水码头工程准椭圆形沉箱和圆形沉箱试验波浪壅高测定的结论一致,形成这种差别的原因可能是不规则波和规则波波浪形态有一定差别。同时从拟合的关系可以看出,单向不规则波最大波峰面高度在量值是规则波的 1.06 倍左右,偏于安全考虑,可取该系数为 1.10。

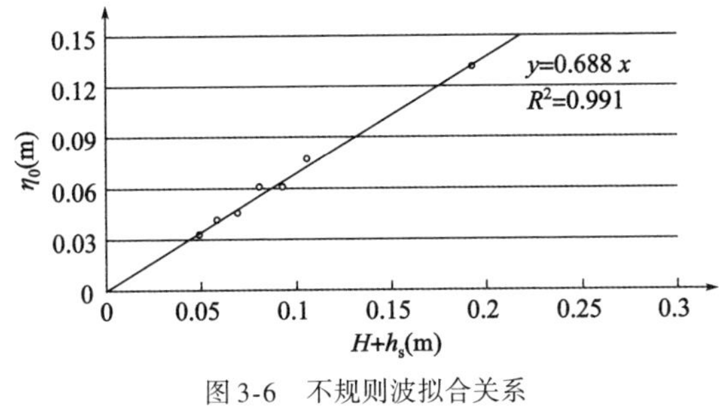

图 3-6 不规则波拟合关系

注：H 为 $H_{1\%}$ 波高。

因此，可以认为 $f(H)=k(H+h_s)$，即规则波 $f(H)=0.652(H+h_s)$，当不规则波 $H_{1\%}$ 与规则波 H 相等时，不规则波的 $f(H)$ 为其对应规则波的 1.10 倍。

3.2 准椭圆形沉箱单墩波峰面高度

准椭圆形沉箱单墩试验分为 0°、45°、90°三种波浪入射角进行，准椭圆形沉箱单墩试验波高和波峰面测点布置见图 3-7。

当波浪 0°入射时，试验波况基本与圆单墩相似，各组试验最大波峰面高度均发生在准椭圆形沉箱单墩迎浪面顶点处（1 号测点位置），入射波浪作用准椭圆形沉箱单墩后产生环形绕射波纹，墩柱两侧绕射波浪传播至墩背浪侧在 8 号测点处汇集，使得该位置波高增大，水体上壅。图 3-8 为波浪 0°入射时准椭圆形沉箱单墩试验波况。

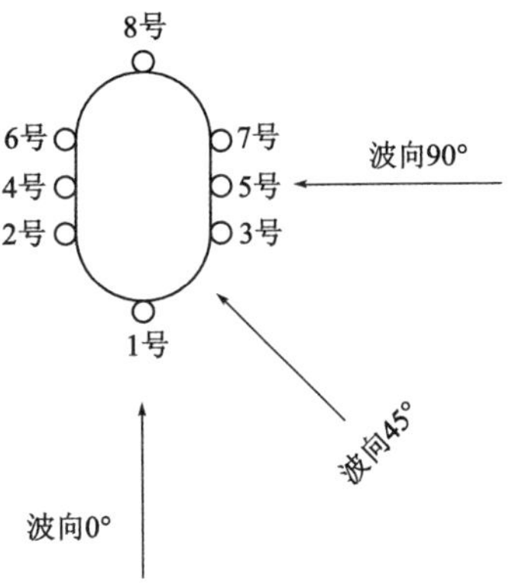

图 3-7 准椭圆形沉箱单墩试验波高和波峰面测点布置

当波浪 45°入射时，准椭圆形沉箱单墩直段对波浪产生反射，反射波与入射波叠加使迎浪面波高增大，沿墩柱最大波浪水体壅高发生在迎浪面准椭圆形沉箱直段，随波浪要素改变其位置有所改变。绕射后的波浪沿两侧圆弧段向外扩散，两侧绕射波在背浪面汇集现象不明显。

当波浪 90°入射时，准椭圆形沉箱单墩直段对波浪的反射更加明显，最大波峰面高度基本发生在准椭圆形沉箱单墩迎浪面直段中心位置（5 号测点处），两侧波高基本呈对称分布，准椭圆形沉箱单墩绕射产生的波浪在背浪侧中心位置汇集（4 号测点处），使得该处波高大于两侧。图 3-9 为波浪 90°入射时准椭圆形沉箱单墩试验波况。

图 3-8　波浪 0°入射时准椭圆形沉箱单墩试验波况

图 3-9　波浪 90°入射时准椭圆形沉箱单墩试验波况

各组规则波和不规则波试验,准椭圆形沉箱单墩试验波高和波峰面高度分布分别见图 3-10 ~ 图 3-15。

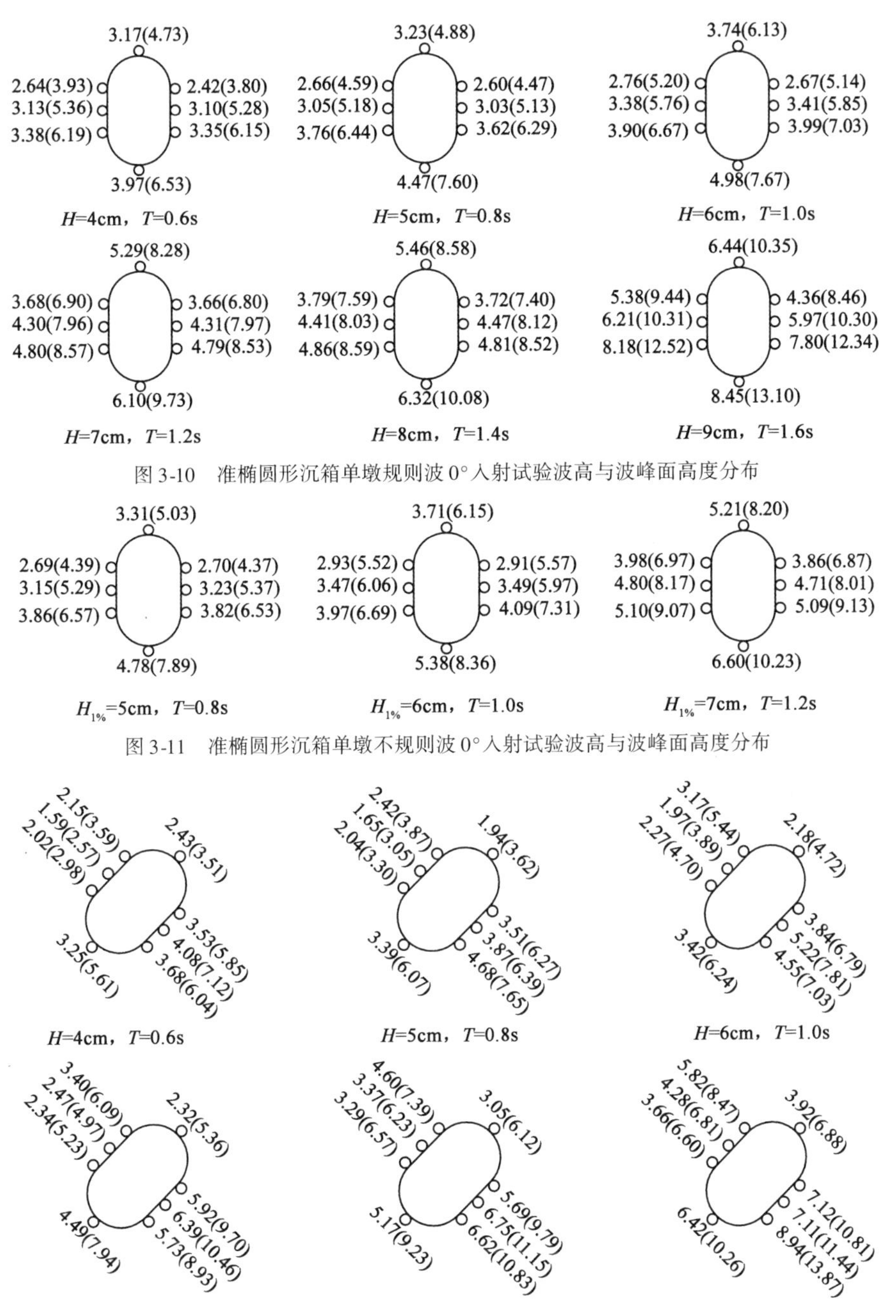

图 3-10　准椭圆形沉箱单墩规则波 0°入射试验波高与波峰面高度分布

图 3-11　准椭圆形沉箱单墩不规则波 0°入射试验波高与波峰面高度分布

图 3-12　准椭圆形沉箱单墩规则波 45°入射试验波高与波峰面高度分布

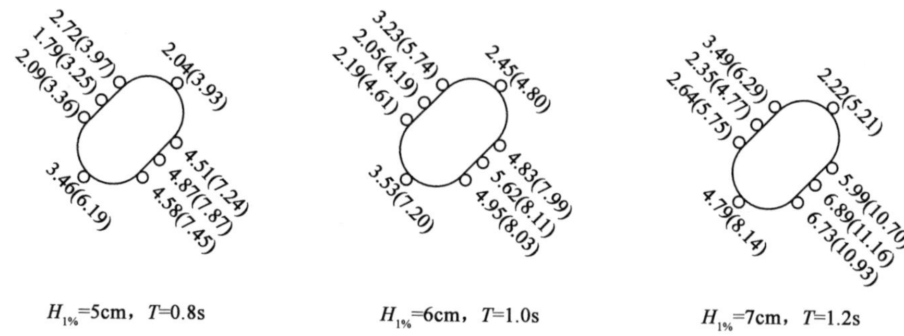

图 3-13　准椭圆形沉箱单墩不规则波 45°入射试验波高与波峰面高度分布

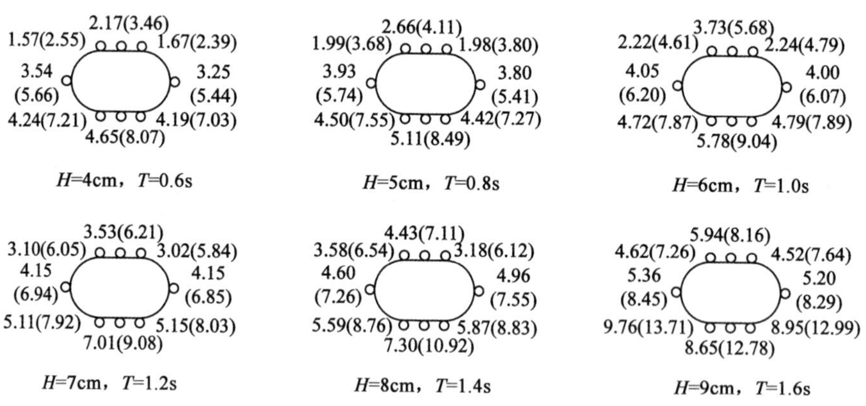

图 3-14　准椭圆形沉箱单墩规则波 90°入射试验波高与波峰面高度分布

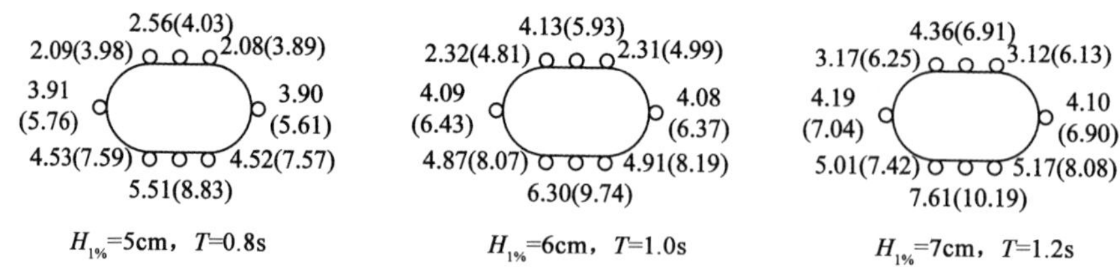

图 3-15　准椭圆形沉箱单墩不规则波 90°入射试验波高与波峰面高度分布

从以上波峰面高度和波高分布来看，准椭圆形沉箱单墩最大波峰面高度和最大波高均发生在迎浪面，顺浪两侧波高、波峰面高度大致呈对称分布，背浪侧中心位置为两侧绕射波的汇集点，使该处波高、波峰面高度均比其相邻两侧大。波浪入射角的改变对波峰面高度一定的影响，当波浪入射角增大时，准椭圆形沉箱单墩对波浪反射有效面积增大，波浪绕射减弱使迎浪面波峰面高度增加。准椭圆形沉箱单墩不规则波与规则波试验波峰面高度的差别与圆墩试验相似，总体来说，相应不规则作用时其最大波峰面高度比规则波大 10% 左右。

同样采取与圆形沉箱单墩试验相同的方法对规则波和不规则波各组试验最大波峰面高度进行分析。表 3-2 为各组规则波与不规则波试验（$H+h_s$）和实测最大波峰面高度，图 3-16 ~ 图 3-21 分别为工程中常用的特定尺度下准椭圆形沉箱单墩规则波和不规则波最大波峰面高度的拟合关系。

准椭圆形沉箱单墩各组规则波与不规则波试验（$H+h_s$）和实测最大波峰面高度

表 3-2

组　　次	波浪类型	波高（cm）	周期（s）	入射角（°）	$H+h_s$（cm）	最大波峰面高度 η_0（cm）
1	规则波	4.0	0.60	0	4.90	3.97
2	规则波	5.0	0.80	0	5.85	4.47
3	规则波	6.0	1.00	0	6.94	4.98
4	规则波	7.0	1.20	0	8.10	6.10
5	规则波	8.0	1.40	0	9.33	6.32
6	规则波	9.0	1.60	0	10.59	8.45
7	不规则波	5.0	0.80	0	5.85	4.78
8	不规则波	6.0	1.00	0	6.94	5.38
9	不规则波	7.0	1.20	0	8.10	6.60
10	规则波	4.0	0.60	45	4.90	4.08
11	规则波	5.0	0.80	45	5.85	4.68
12	规则波	6.0	1.00	45	6.94	5.22
13	规则波	7.0	1.20	45	8.10	6.39
14	规则波	8.0	1.40	45	9.33	6.75
15	规则波	9.0	1.60	45	10.59	8.94
16	不规则波	5.0	0.80	45	5.85	4.87
17	不规则波	6.0	1.00	45	6.94	5.62
18	不规则波	7.0	1.20	45	8.10	6.89
19	规则波	4.0	0.60	90	4.90	4.65
20	规则波	5.0	0.80	90	5.85	5.11
21	规则波	6.0	1.00	90	6.94	5.78
22	规则波	7.0	1.20	90	8.10	7.01
23	规则波	8.0	1.40	90	9.33	7.30
24	规则波	9.0	1.60	90	10.59	9.76

续上表

组　　次	波浪类型	波高（cm）	周期（s）	入射角（°）	$H+h_s$（cm）	最大波峰面高度 η_0（cm）
25	不规则波	5.0	0.80	90	5.85	5.51
26	不规则波	6.0	1.00	90	6.94	6.30
27	不规则波	7.0	1.20	90	8.10	7.61

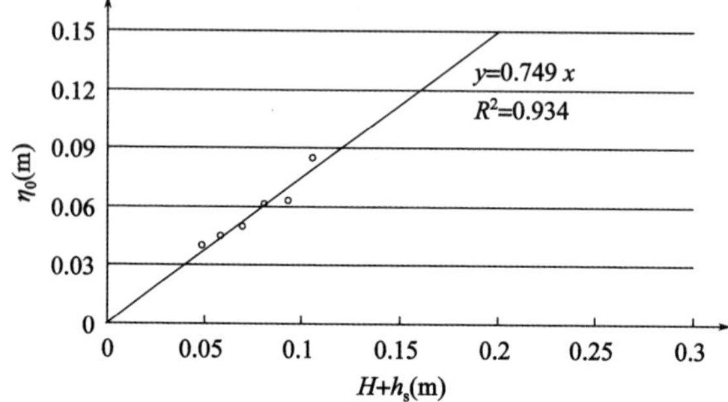

图 3-16　准椭圆形沉箱单墩波浪 0°入射规则波拟合关系

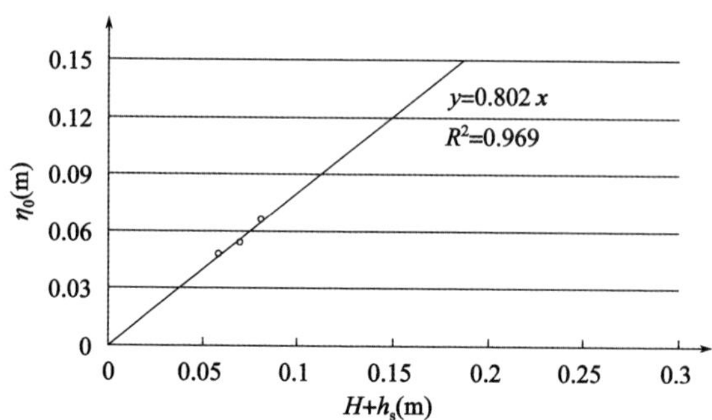

图 3-17　准椭圆形沉箱单墩波浪 0°入射不规则波拟合关系

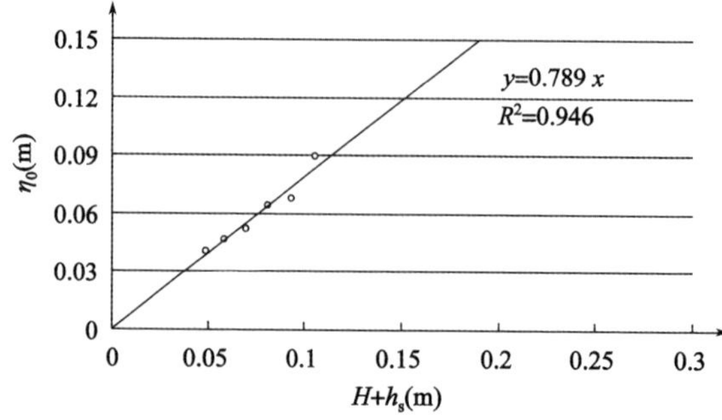

图 3-18　准椭圆形沉箱单墩波浪 45°入射规则波拟合关系

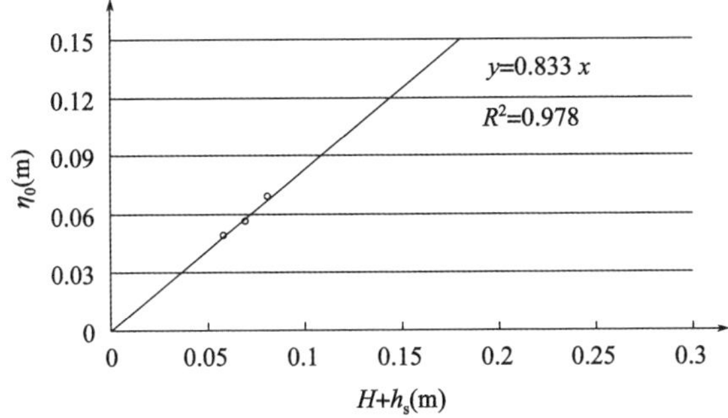

图 3-19 准椭圆形沉箱单墩波浪 45°入射不规则波拟合关系

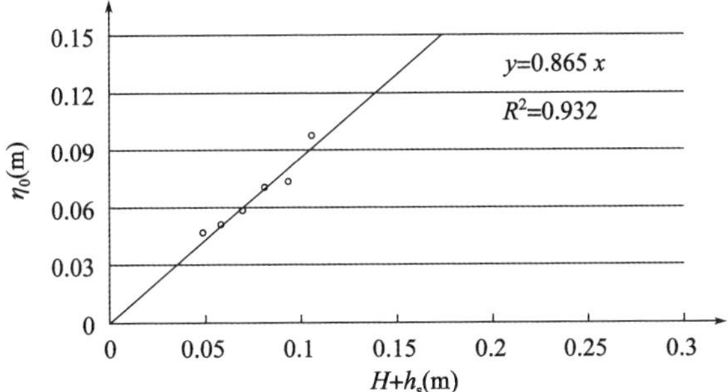

图 3-20 准椭圆形沉箱单墩波浪 90°入射规则波拟合关系

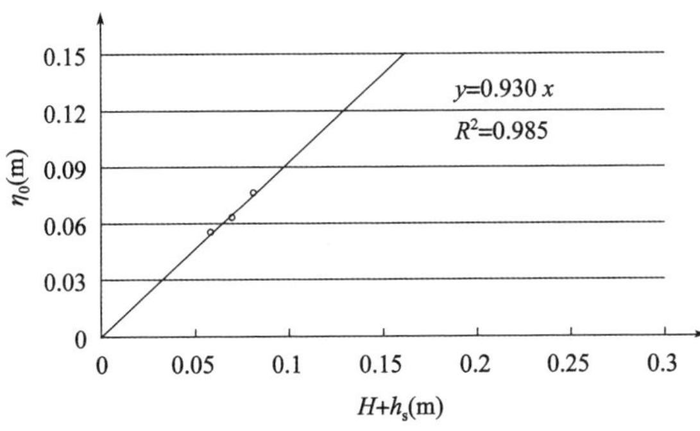

图 3-21 准椭圆形沉箱单墩波浪 90°入射不规则波拟合关系

从以上拟合关系可以看出，准椭圆形沉箱单墩试验波浪入射角度对最大波峰面高度存在一定的影响，随着波浪入射角的增大，最大波峰面有增大的趋势。这主要是因为随着波浪入射角的改变，准椭圆形沉箱单墩对波浪反射有效面积变化，使迎浪面波浪反射程度发生变化，当反射有效面积增大时，迎浪面波高、波峰面高度随之增大。当波浪入射角为 0°时，其对波浪的反射程度最弱；当波浪入射角为45°时，准椭圆形沉箱单墩对波浪的反射增强，最大波峰面高度比0°入射时增大5%左右；当波浪入射角为90°时，波浪的反射程度进一步增强，最大波峰面高度比45°入射时增大10%左右，比0°入射时增大15%左右。同时准椭圆形沉箱单墩不规则波与规则波试验波峰面高度的差别与圆墩试验相似，总体来说，相应不规则作用时其最大波峰面高度比规则波大10%左右。

对准椭圆形沉箱单墩和圆墩最大波峰面高度进行比较可以发现，墩柱的形状对最大波峰面高度存在影响。圆形沉箱单墩试验规则波拟合关系式为$f(H+h_s)=0.652(H+h_s)$，相同条件下准椭圆形沉箱单墩的拟合关系式为$f(H+h_s)=0.749(H+h_s)$，即相同入射波浪条件下，准椭圆形沉箱单墩最大波峰面高度为圆形沉箱单墩的1.15倍左右。

因此，根据圆形沉箱单墩试验和准椭圆形沉箱单墩试验结果，同时考虑安全系数，可以归纳单墩情况下的最大波峰面高度规律，具体如下。

单墩最大波峰面高度：

$$f(H+h_s) = k(H+h_s) = \eta_0 \tag{3-1}$$

$$h_s = \frac{\pi H^2}{L}\text{cth}\frac{2\pi d}{L}$$

式中：$f(H+h_s)$——最大波峰面高度(m)，即η_0；

H——入射波高(m)；

L——波长(m)；

d——水深(m)。

对于圆形沉箱单墩：规则波$k=0.652$，不规则波k为规则波的1.10倍。

对于准椭圆形沉箱单墩：当波浪入射角为0°时，规则波k为圆形沉箱单墩的1.15倍；当波浪入射角为45°时，规则波k为圆形沉箱单墩的1.25倍；当波浪入射角为90°时，规则波k为圆形沉箱单墩的1.35倍。不规则波k为相应情况下规则波的1.10倍。

对不同情况下单墩最大波峰面高度拟合公式k取值进行归纳，见表3-3。

不同情况下单墩最大波峰面高度拟合公式k取值 表3-3

单墩形式	波浪	入射角(°)	k
圆形沉箱单墩	规则波	—	0.652
	不规则波	—	0.717
准椭圆形沉箱单墩(形状参数l/D约为0.7)	规则波	0	0.750
	不规则波		0.825

续上表

单墩形式	波浪	入射角(°)	k
准椭圆形沉箱单墩 (形状参数 l/D 约为0.7)	规则波	45	0.815
	不规则波		0.897
	规则波	90	0.880
	不规则波		0.968

注:由于本次试验针对特定的准椭圆形沉箱单墩进行试验,准椭圆直线段有变化,可能结果也会变化,在此对准椭圆形沉箱单墩给出形状参数加以限制,即该试验结果适用于工程中较常见的情况:l/D 约为0.7。其中,l 为准椭圆形沉箱单墩直线段长度,D 为其圆弧段对应直径。

第 4 章　群墩波峰面高度研究

群墩波峰面高度的研究主要针对单排圆形沉箱和双排圆形沉箱重力墩进行试验,研究过程中通过改变墩之间的距离考虑群墩对波峰面高度的影响。

4.1　单排圆形沉箱波峰面高度

单排圆形沉箱试验采用 5 个圆墩结构组成的墩群,为考虑波浪入射角对波峰面的影响,采用 5 个波浪入射角,分别为 0°、22.5°、45°、67.5°、90°,同时考虑墩特性与波长的关系。当波浪正向入射时(波浪入射角为 0°)通过改变墩柱之间的间距进行,该间距定义为墩纵中心距,为相邻墩柱中心之间的距离,用 B 表示。针对墩纵中心距为 1.5 倍、2.0 倍、2.5 倍、3.0 倍和 4.0 倍墩径,采用全组次规则波进行试验。在此基础上,对中心组次(墩纵中心间距为 2.5 倍墩径情况)在不同入射角情况下进行全组次规则波试验。单排圆墩试验波高和波峰面测点布置见图 4-1。

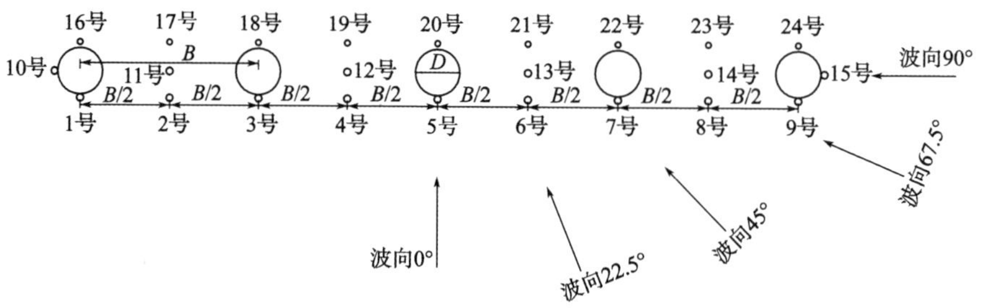

图 4-1　单排圆墩试验波高、波峰面测点布置

4.1.1　波浪正向入射情况(入射角为 0°)

当波浪正向入射时,群墩对波浪的影响主要表现为对波浪的反射和绕射作用。当入射波浪周期较小时,群墩迎浪面对波浪的反射较明显,迎浪面入射波与反射波叠加,使得墩柱迎浪面波高增大;当入射波浪周期为 0.6s 时,甚至出现水体垂向振荡现象。同时,墩柱之间绕射波浪相互影响,墩柱间波态较乱。随着墩

纵中心间距的增大，墩柱间影响有所减小，波况得到改善；当间距为 $4D$ 时，影响很小。背浪侧主要为绕射浪，由于墩柱间相互影响，背浪侧波浪与单墩相比，波浪形态不如单墩时有规律。图 4-2 ~ 图 4-5 分别为不同单排圆墩纵中心距试验波况。

a)

b)

图 4-2　单排圆墩试验波况（$B=1.5D$，入射角为 0°）

a)

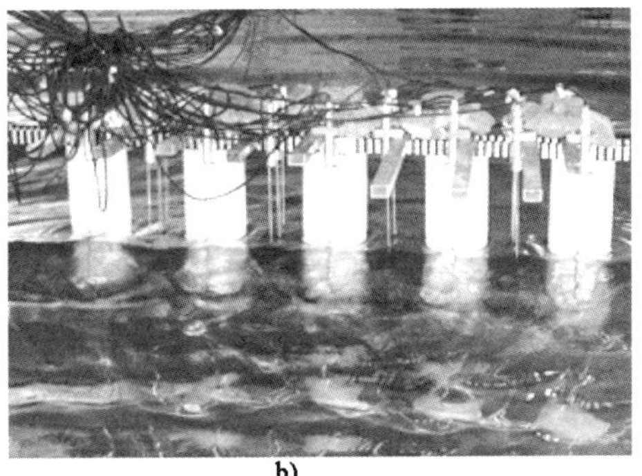

b)

图 4-3　单排圆墩试验波况（$B=2.0D$，入射角为 0°）

a)

b)

图 4-4　单排圆墩试验波况（$B=3.0D$，入射角为 0°）

a)

b)

图 4-5　单排圆墩试验波况（$B=4.0D$，入射角为 0°）

不同墩纵中心间距，波浪正向入射角单排圆墩试验各测点波高、波峰面高度分布分别见图 4-6 ~ 图 4-15。

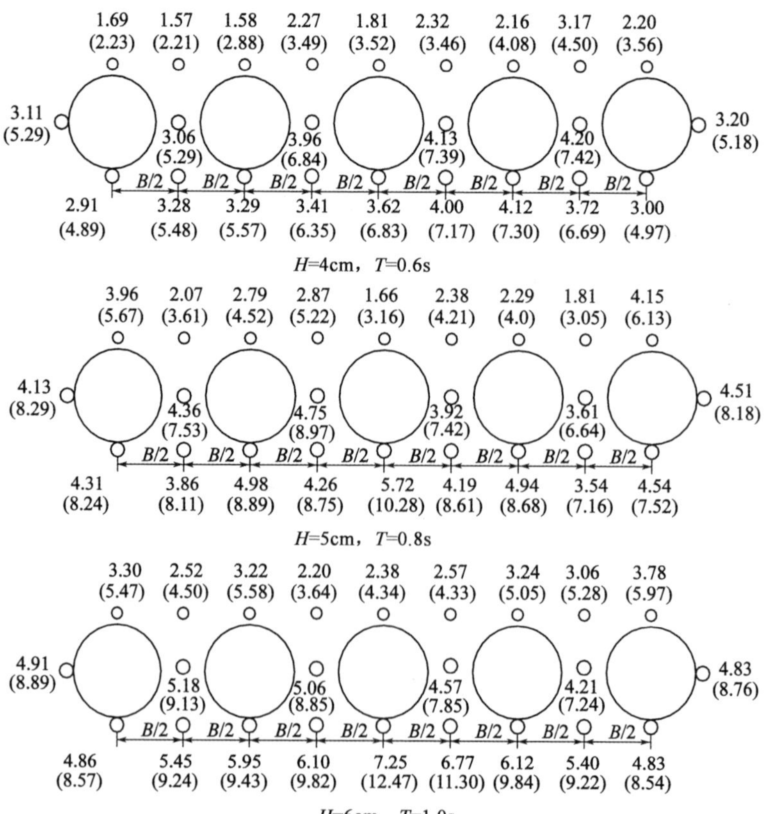

图 4-6　规则波单排圆墩试验波高与波峰面高度分布

（$B=1.5D$，入射角为 0°）(1)

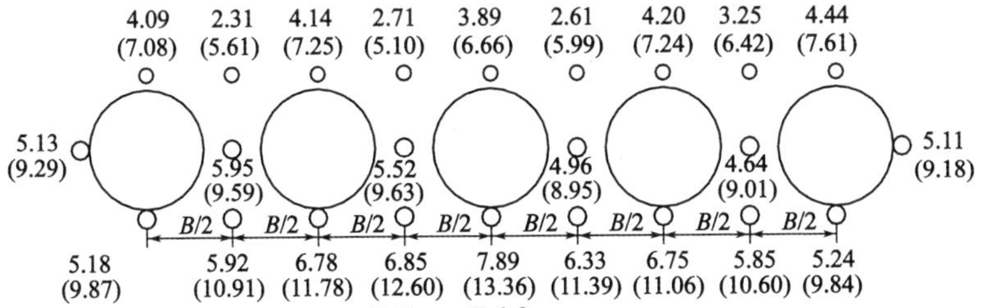

4.09 (7.08)　2.31 (5.61)　4.14 (7.25)　2.71 (5.10)　3.89 (6.66)　2.61 (5.99)　4.20 (7.24)　3.25 (6.42)　4.44 (7.61)

5.13 (9.29)　5.95 (9.59)　5.52 (9.63)　4.96 (8.95)　4.64 (9.01)　5.11 (9.18)

B/2　B/2　B/2　B/2　B/2　B/2　B/2　B/2

5.18 (9.87)　5.92 (10.91)　6.78 (11.78)　6.85 (12.60)　7.89 (13.36)　6.33 (11.39)　6.75 (11.06)　5.85 (10.60)　5.24 (9.84)

H=7cm，T=1.2s

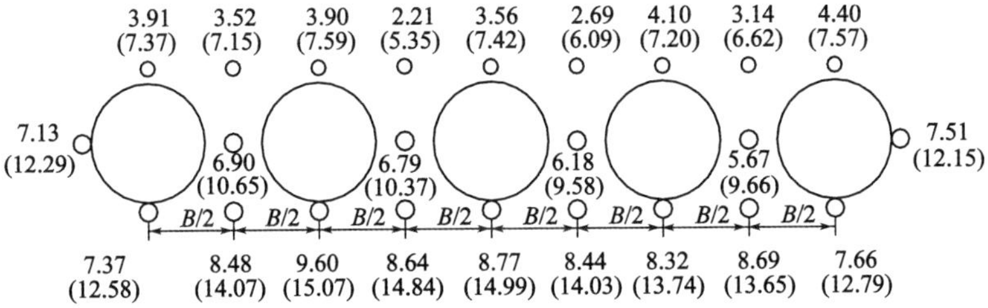

3.91 (7.37)　3.52 (7.15)　3.90 (7.59)　2.21 (5.35)　3.56 (7.42)　2.69 (6.09)　4.10 (7.20)　3.14 (6.62)　4.40 (7.57)

7.13 (12.29)　6.90 (10.65)　6.79 (10.37)　6.18 (9.58)　5.67 (9.66)　7.51 (12.15)

B/2　B/2　B/2　B/2　B/2　B/2　B/2　B/2

7.37 (12.58)　8.48 (14.07)　9.60 (15.07)　8.64 (14.84)　8.77 (14.99)　8.44 (14.03)　8.32 (13.74)　8.69 (13.65)　7.66 (12.79)

H=8cm，T=1.4s

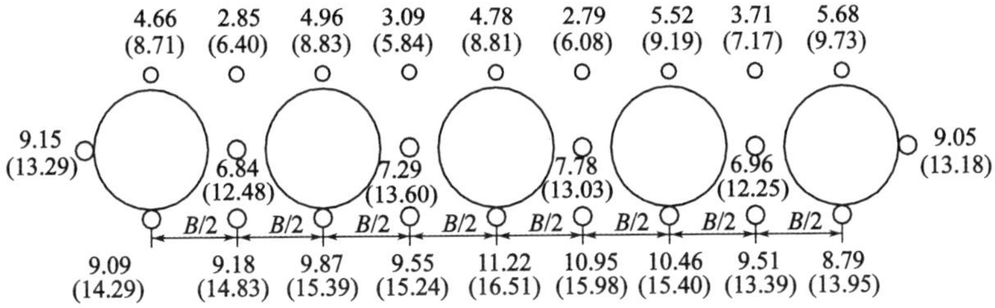

4.66 (8.71)　2.85 (6.40)　4.96 (8.83)　3.09 (5.84)　4.78 (8.81)　2.79 (6.08)　5.52 (9.19)　3.71 (7.17)　5.68 (9.73)

9.15 (13.29)　6.84 (12.48)　7.29 (13.60)　7.78 (13.03)　6.96 (12.25)　9.05 (13.18)

B/2　B/2　B/2　B/2　B/2　B/2　B/2　B/2

9.09 (14.29)　9.18 (14.83)　9.87 (15.39)　9.55 (15.24)　11.22 (16.51)　10.95 (15.98)　10.46 (15.40)　9.51 (13.39)　8.79 (13.95)

H=9cm，T=1.6s

图 4-7　规则波单排圆墩试验波高与波峰面高度分布

（B = 1.5D，入射角为 0°）（2）

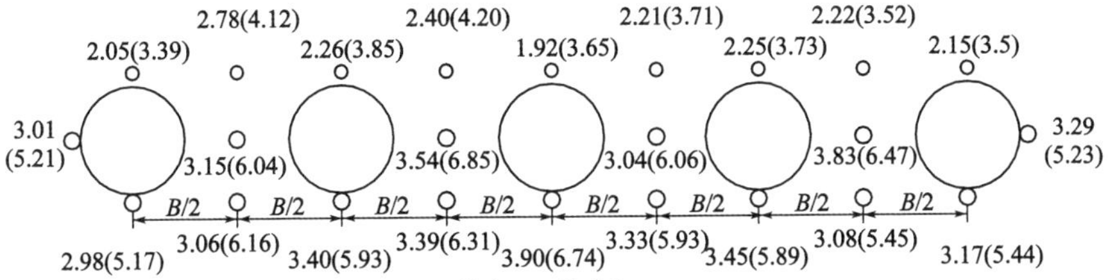

2.05(3.39)　2.78(4.12)　2.26(3.85)　2.40(4.20)　1.92(3.65)　2.21(3.71)　2.25(3.73)　2.22(3.52)　2.15(3.5)

3.01 (5.21)　3.15(6.04)　3.54(6.85)　3.04(6.06)　3.83(6.47)　3.29 (5.23)

B/2　B/2　B/2　B/2　B/2　B/2　B/2　B/2

2.98(5.17)　3.06(6.16)　3.40(5.93)　3.39(6.31)　3.90(6.74)　3.33(5.93)　3.45(5.89)　3.08(5.45)　3.17(5.44)

H=4cm，T=0.6s

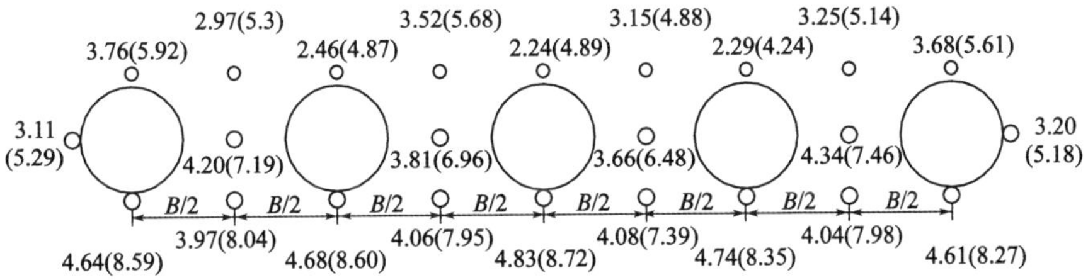

3.76(5.92)　2.97(5.3)　2.46(4.87)　3.52(5.68)　2.24(4.89)　3.15(4.88)　2.29(4.24)　3.25(5.14)　3.68(5.61)

3.11 (5.29)　4.20(7.19)　3.81(6.96)　3.66(6.48)　4.34(7.46)　3.20 (5.18)

B/2　B/2　B/2　B/2　B/2　B/2　B/2　B/2

4.64(8.59)　3.97(8.04)　4.68(8.60)　4.06(7.95)　4.83(8.72)　4.08(7.39)　4.74(8.35)　4.04(7.98)　4.61(8.27)

H=5cm，T=0.8s

图　4-8

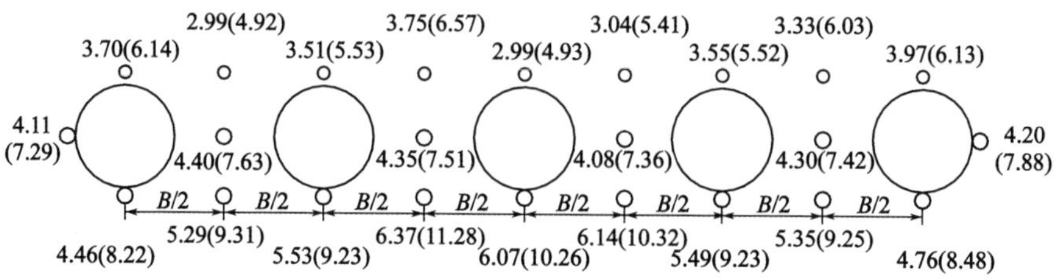

H=6cm，*T*=1.0s

图 4-8　规则波单排圆墩试验波高与波峰面高度分布

（$B=2.0D$，入射角为 0°）（1）

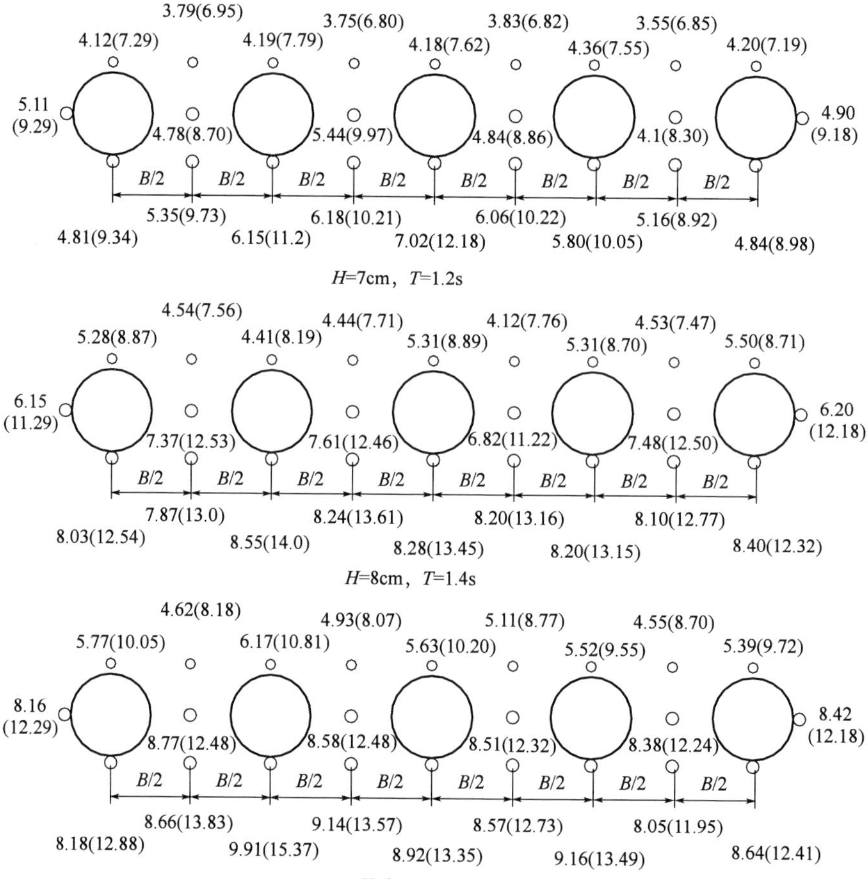

3.79(6.95)　3.75(6.80)　3.83(6.82)　3.55(6.85)

4.12(7.29)　4.19(7.79)　4.18(7.62)　4.36(7.55)　4.20(7.19)

5.11 (9.29)　4.78(8.70)　5.44(9.97)　4.84(8.86)　4.1(8.30)　4.90 (9.18)

B/2　B/2　B/2　B/2　B/2　B/2　B/2　B/2

5.35(9.73)　6.18(10.21)　6.06(10.22)　5.16(8.92)

4.81(9.34)　6.15(11.2)　7.02(12.18)　5.80(10.05)　4.84(8.98)

H=7cm，*T*=1.2s

4.54(7.56)　4.44(7.71)　4.12(7.76)　4.53(7.47)

5.28(8.87)　4.41(8.19)　5.31(8.89)　5.31(8.70)　5.50(8.71)

6.15 (11.29)　7.37(12.53)　7.61(12.46)　6.82(11.22)　7.48(12.50)　6.20 (12.18)

B/2　B/2　B/2　B/2　B/2　B/2　B/2　B/2

7.87(13.0)　8.24(13.61)　8.20(13.16)　8.10(12.77)

8.03(12.54)　8.55(14.0)　8.28(13.45)　8.20(13.15)　8.40(12.32)

H=8cm，*T*=1.4s

4.62(8.18)　4.93(8.07)　5.11(8.77)　4.55(8.70)

5.77(10.05)　6.17(10.81)　5.63(10.20)　5.52(9.55)　5.39(9.72)

8.16 (12.29)　8.77(12.48)　8.58(12.48)　8.51(12.32)　8.38(12.24)　8.42 (12.18)

B/2　B/2　B/2　B/2　B/2　B/2　B/2　B/2

8.66(13.83)　9.14(13.57)　8.57(12.73)　8.05(11.95)

8.18(12.88)　9.91(15.37)　8.92(13.35)　9.16(13.49)　8.64(12.41)

H=9cm，*T*=1.6s

图 4-9　规则波单排圆墩试验波高与波峰面高度分布

（$B=2.0D$，入射角为 0°）（2）

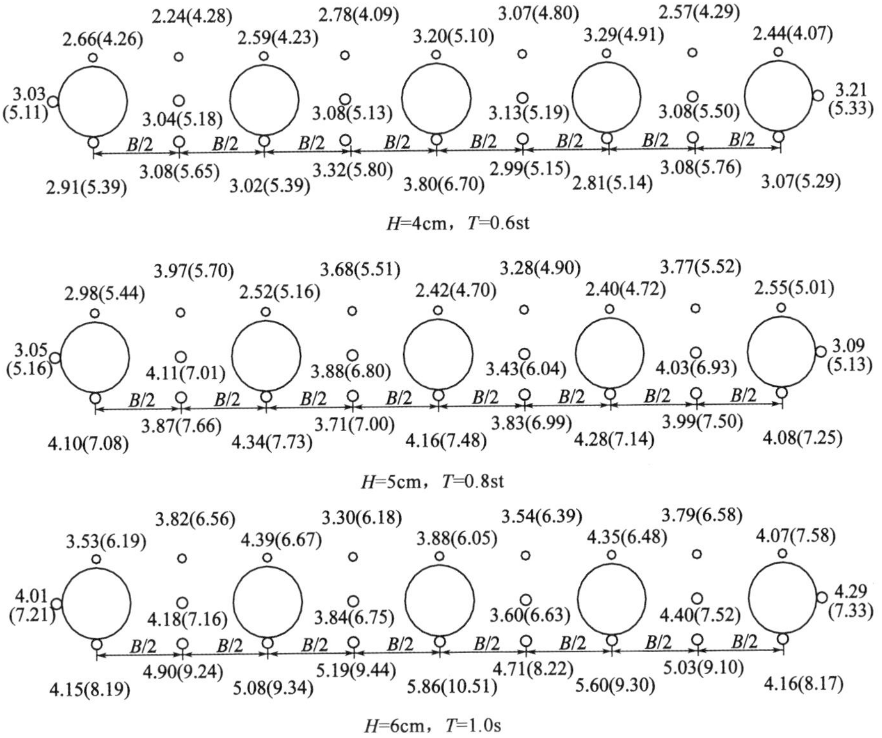

2.24(4.28)　2.78(4.09)　3.07(4.80)　2.57(4.29)
2.66(4.26)　2.59(4.23)　3.20(5.10)　3.29(4.91)　2.44(4.07)
3.03 (5.11)　3.04(5.18)　3.08(5.13)　3.13(5.19)　3.08(5.50)　3.21 (5.33)
B/2　B/2　B/2　B/2　B/2　B/2　B/2　B/2
3.08(5.65)　3.32(5.80)　2.99(5.15)　3.08(5.76)
2.91(5.39)　3.02(5.39)　3.80(6.70)　2.81(5.14)　3.07(5.29)

H=4cm，T=0.6st

3.97(5.70)　3.68(5.51)　3.28(4.90)　3.77(5.52)
2.98(5.44)　2.52(5.16)　2.42(4.70)　2.40(4.72)　2.55(5.01)
3.05 (5.16)　4.11(7.01)　3.88(6.80)　3.43(6.04)　4.03(6.93)　3.09 (5.13)
B/2　B/2　B/2　B/2　B/2　B/2　B/2　B/2
3.87(7.66)　3.71(7.00)　3.83(6.99)　3.99(7.50)
4.10(7.08)　4.34(7.73)　4.16(7.48)　4.28(7.14)　4.08(7.25)

H=5cm，T=0.8st

3.82(6.56)　3.30(6.18)　3.54(6.39)　3.79(6.58)
3.53(6.19)　4.39(6.67)　3.88(6.05)　4.35(6.48)　4.07(7.58)
4.01 (7.21)　4.18(7.16)　3.84(6.75)　3.60(6.63)　4.40(7.52)　4.29 (7.33)
B/2　B/2　B/2　B/2　B/2　B/2　B/2　B/2
4.90(9.24)　5.19(9.44)　4.71(8.22)　5.03(9.10)
4.15(8.19)　5.08(9.34)　5.86(10.51)　5.60(9.30)　4.16(8.17)

H=6cm，T=1.0s

图 4-10　规则波单排圆墩试验波高与波峰面高度分布
(B=2.5D,入射角为0°)(1)

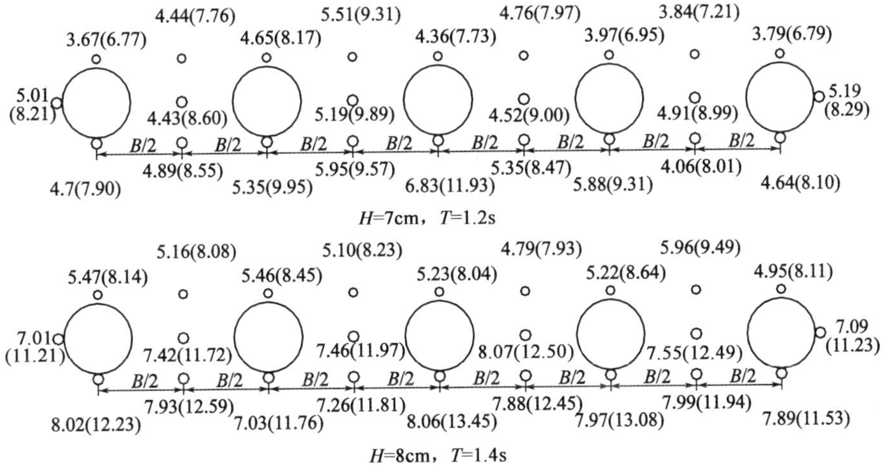

4.44(7.76)　5.51(9.31)　4.76(7.97)　3.84(7.21)
3.67(6.77)　4.65(8.17)　4.36(7.73)　3.97(6.95)　3.79(6.79)
5.01 (8.21)　4.43(8.60)　5.19(9.89)　4.52(9.00)　4.91(8.99)　5.19 (8.29)
B/2　B/2　B/2　B/2　B/2　B/2　B/2　B/2
4.89(8.55)　5.95(9.57)　5.35(8.47)　4.06(8.01)
4.7(7.90)　5.35(9.95)　6.83(11.93)　5.88(9.31)　4.64(8.10)

H=7cm，T=1.2s

5.16(8.08)　5.10(8.23)　4.79(7.93)　5.96(9.49)
5.47(8.14)　5.46(8.45)　5.23(8.04)　5.22(8.64)　4.95(8.11)
7.01 (11.21)　7.42(11.72)　7.46(11.97)　8.07(12.50)　7.55(12.49)　7.09 (11.23)
B/2　B/2　B/2　B/2　B/2　B/2　B/2　B/2
7.93(12.59)　7.26(11.81)　7.88(12.45)　7.99(11.94)
8.02(12.23)　7.03(11.76)　8.06(13.45)　7.97(13.08)　7.89(11.53)

H=8cm，T=1.4s

图　4-11

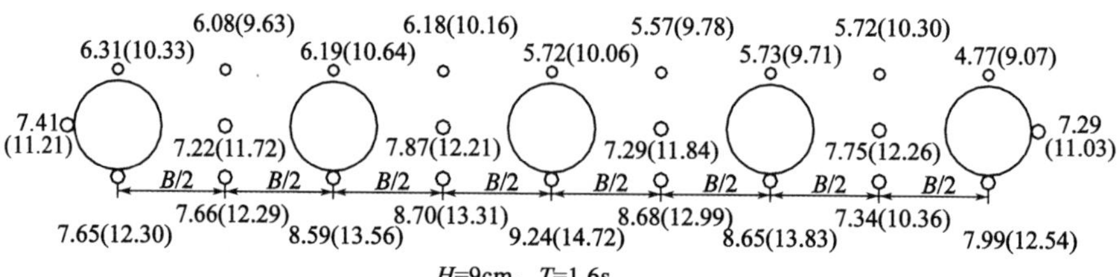

图 4-11　规则波单排圆墩试验波高与波峰面高度分布

（$B=2.5D$,入射角为 0°）(2)

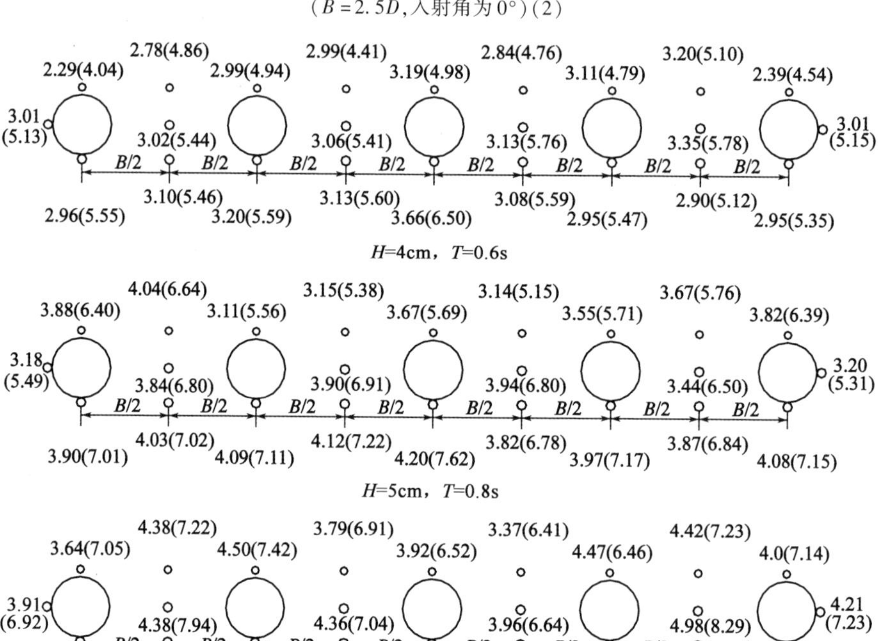

图 4-12　规则波单排圆墩试验波高与波峰面高度分布

（$B=3.0D$,入射角为 0°）(1)

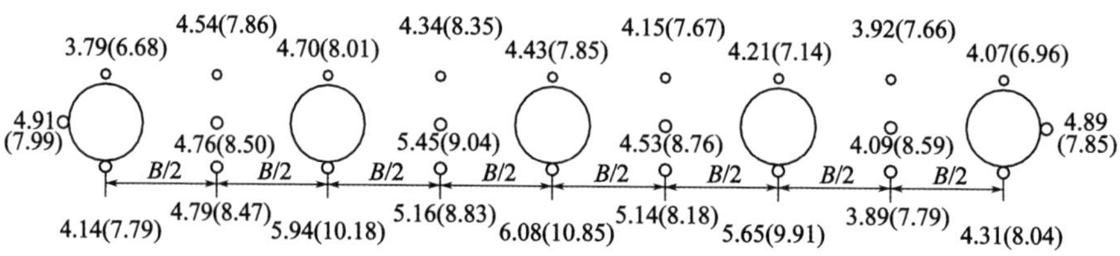

图　4-13

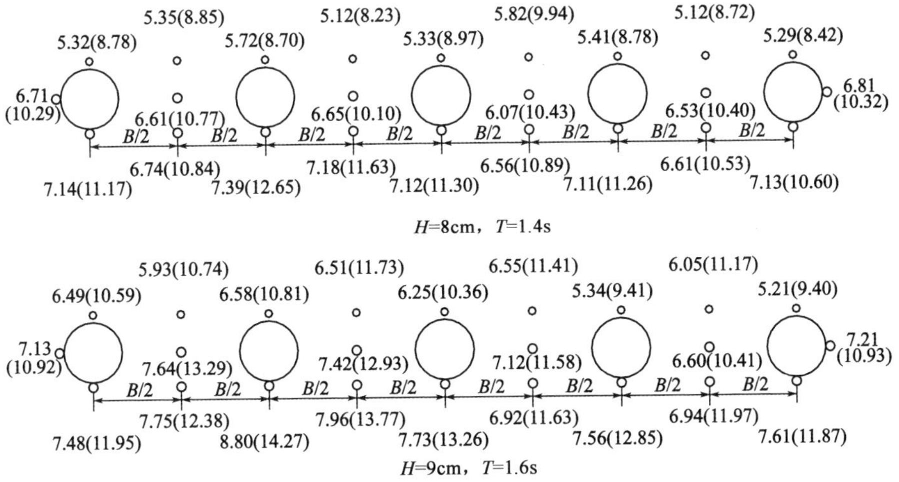

H=8cm，*T*=1.4s

H=9cm，*T*=1.6s

图4-13　规则波单排圆墩试验波高与波峰面高度分布

（$B=3.0D$,入射角为0°）(2)

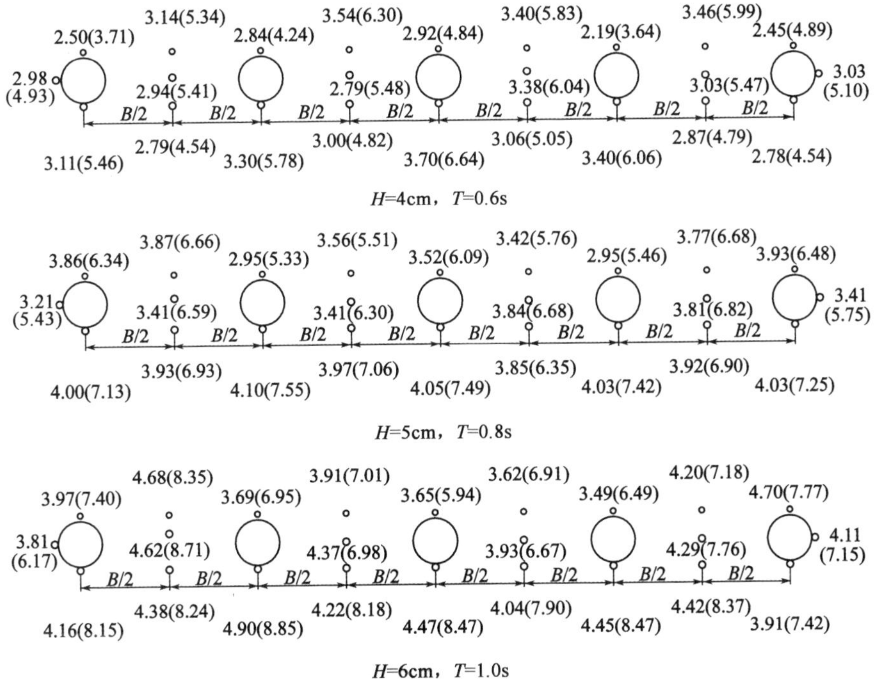

H=4cm，*T*=0.6s

H=5cm，*T*=0.8s

H=6cm，*T*=1.0s

图4-14　规则波单排圆墩试验波高与波峰面高度分布

（$B=4.0D$,入射角为0°）(1)

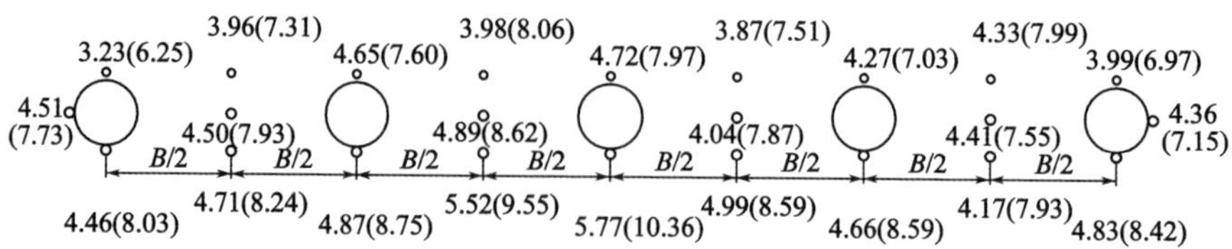

H=7cm，*T*=1.2s

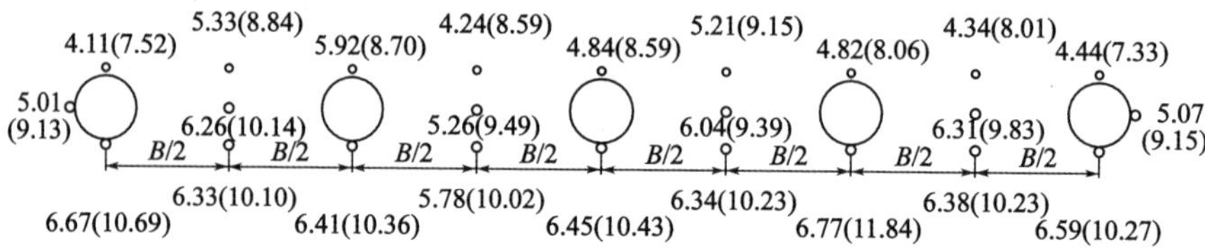

H=8cm，*T*=1.4s

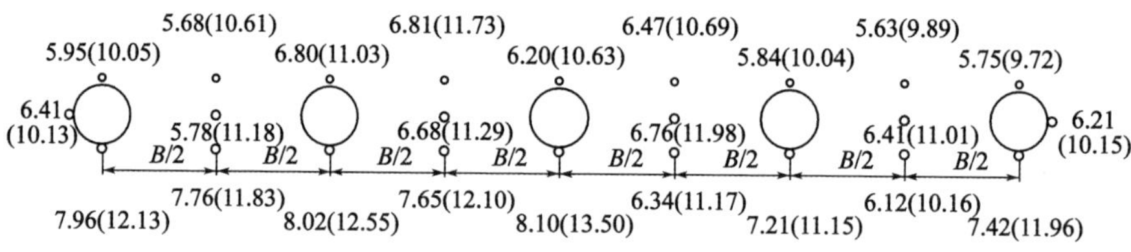

H=9cm，*T*=1.6s

图 4-15　规则波单排圆墩试验波高与波峰面高度分布

($B=4.0D$,入射角为 0°)(2)

从以上波峰面高度、波高分布来看,各测点波高、波峰面高度具有一定的随机性,但最大波峰面高度均发生在迎浪面圆墩中心位置,随着墩纵间距的加大呈逐渐减小的趋势,这主要是因为随着墩纵间距的加大,墩群对波浪的反射减弱,墩与墩之间的相互影响也得以减小,当墩纵间距为 4 倍圆墩直径时,最大波峰面高度与单墩时接近。背浪侧波浪主要表现为绕射浪,波峰面大多小于迎浪面及墩柱间的波峰面,但随着墩纵间距的加大,入射波浪能得以从墩柱间空隙比较顺畅的传播,因而使得背浪侧波高、波峰面有增大的趋势。

对单排圆墩试验各组次最大波峰面高度进行分析,墩间距取一个均值($B-0.5D$)。引入因子$(B-0.5D)/L$考虑最大波峰面高度与墩间距、墩尺度以及波长的关系,同时应用圆形单墩试验得到的$f_1(H+h_s)=0.652(H+h_s)$关系,将单排圆墩波浪正向入射试验实测最大波峰面高度无量纲化,即:

$$\frac{\eta_{\max}}{f_1(H+h_s)}=\frac{\eta_{\max}}{0.652(H+h_s)}$$

得到$f(B,D,L)$即为单排圆墩波浪正向入射时最大波峰面高度无量纲关系式。表4-1为单排圆墩波浪正向入射试验实测最大波峰面高度。

单排圆墩波浪正向入射试验实测最大波峰面高度　　表4-1

组次	波浪类型	波高(cm)	周期(s)	入射角(°)	墩纵中心距	波长L(cm)	$\frac{B-0.5D}{L}$	$f(H+h_s)$(cm)	η_0(cm)	$\frac{\eta_0}{f(H+h_s)}$
1	规则波	4.0	0.60	0	1.5D	56	0.286	3.19	4.20	1.315
2	规则波	5.0	0.80	0	1.5D	96	0.167	3.81	5.72	1.499
3	规则波	6.0	1.00	0	1.5D	137	0.117	4.52	7.25	1.603
4	规则波	7.0	1.20	0	1.5D	177	0.090	5.28	7.98	1.510
5	规则波	8.0	1.40	0	1.5D	215	0.074	6.08	9.60	1.579
6	规则波	9.0	1.60	0	1.5D	253	0.063	6.91	11.22	1.625
7	规则波	4.0	0.60	0	2.0D	56	0.429	3.19	3.90	1.221
8	规则波	5.0	0.80	0	2.0D	96	0.250	3.81	4.83	1.266
9	规则波	6.0	1.00	0	2.0D	137	0.175	4.52	6.37	1.408
10	规则波	7.0	1.20	0	2.0D	177	0.136	5.28	7.02	1.329
11	规则波	8.0	1.40	0	2.0D	215	0.112	6.08	8.55	1.406
12	规则波	9.0	1.60	0	2.0D	253	0.095	6.91	9.91	1.435
13	规则波	4.0	0.60	0	2.5D	56	0.571	3.19	3.80	1.191
14	规则波	5.0	0.80	0	2.5D	96	0.333	3.81	4.34	1.138
15	规则波	6.0	1.00	0	2.5D	137	0.234	4.52	5.86	1.295
16	规则波	7.0	1.20	0	2.5D	177	0.181	5.28	6.83	1.293
17	规则波	8.0	1.40	0	2.5D	215	0.149	6.08	8.06	1.325
18	规则波	9.0	1.60	0	2.5D	253	0.126	6.91	9.24	1.338
19	规则波	4.0	0.60	0	3.0D	56	0.714	3.19	3.66	1.145
20	规则波	5.0	0.80	0	3.0D	96	0.417	3.81	4.20	1.101
21	规则波	6.0	1.00	0	3.0D	137	0.292	4.52	5.10	1.127
22	规则波	7.0	1.20	0	3.0D	177	0.226	5.28	6.08	1.151
23	规则波	8.0	1.40	0	3.0D	215	0.186	6.08	7.39	1.215
24	规则波	9.0	1.60	0	3.0D	253	0.158	6.91	8.80	1.275
25	规则波	4.0	0.60	0	4.0D	56	1.000	3.19	3.70	1.158
26	规则波	5.0	0.80	0	4.0D	96	0.583	3.81	4.10	1.075
27	规则波	6.0	1.00	0	4.0D	137	0.409	4.52	4.90	1.083
28	规则波	7.0	1.20	0	4.0D	177	0.316	5.28	5.77	1.092
29	规则波	8.0	1.40	0	4.0D	215	0.260	6.08	6.77	1.113
30	规则波	9.0	1.60	0	4.0D	253	0.221	6.91	8.10	1.173

注：$B-0.5D$表示两墩间的空隙间距。

对表 4-1 中的无量纲 $\eta_0/f(H+h_s)$ 进行拟合，拟合关系式为：

$$f(B,D,L) = 1 + 0.625e^{a}\left[\frac{1.25 + \cos 2\pi(B - 0.5D)}{L}\right] \tag{4-1}$$

$$a = \frac{-0.25(B - 0.5D)}{L + (-0.5B/D)} \tag{4-2}$$

从关系式(4-1)中可以看出，该关系式表达了以$(B-0.5D)/L$为自变量、不同B/D即不同墩纵中心距与墩径之比的线族。式(4-1)中$e^{\frac{-(B-0.5D)}{4L}}$反映了波峰随墩间距与波长相当值增加而减小，$e^{-\frac{B}{2D}}$反映了波峰面高度随多墩间距和墩径比值增大而减小的趋势；当$B=8D$时，墩相互影响小于10%，与以往的许多研究是一致的。$\cos\left[\frac{2\pi(B-0.5D)}{L}\right]$反映了主波振荡现象。各组次试验实测无量纲相对波峰面高度$\frac{\eta_0}{f(H+h_s)}$与拟合值见表 4-2，拟合关系见图 4-16。图 4-17 为相对波峰面高度$\frac{\eta_0}{f(H+h_s)}$计算值与实测值的比较，从图 4-17 中可以看出，计算值与实测值拟合较好。

单排圆墩波浪正向入射试验实测无量纲$\frac{\eta_0}{f(H+h_s)}$与拟合值 表 4-2

组次	波浪类型	波高(cm)	周期(s)	入射角(°)	墩纵中心距	波长 L(cm)	$\frac{B-0.5D}{L}$	实测 $\frac{\eta_0}{f(H+h_s)}$	拟合值	误差(%)
1	规则波	4.0	0.60	0	1.5D	56	0.286	1.315	1.282	-2.45
2	规则波	5.0	0.80	0	1.5D	96	0.167	1.499	1.496	-0.26
3	规则波	6.0	1.00	0	1.5D	137	0.117	1.603	1.571	-1.96
4	规则波	7.0	1.20	0	1.5D	177	0.090	1.510	1.604	6.22
5	规则波	8.0	1.40	0	1.5D	215	0.074	1.579	1.621	2.68
6	规则波	9.0	1.60	0	1.5D	253	0.063	1.625	1.631	0.39
7	规则波	4.0	0.60	0	2.0D	56	0.429	1.221	1.072	-12.18
8	规则波	5.0	0.80	0	2.0D	96	0.250	1.266	1.270	0.31
9	规则波	6.0	1.00	0	2.0D	137	0.175	1.408	1.375	-2.37
10	规则波	7.0	1.20	0	2.0D	177	0.136	1.329	1.424	7.20
11	规则波	8.0	1.40	0	2.0D	215	0.112	1.406	1.450	3.15
12	规则波	9.0	1.60	0	2.0D	253	0.095	1.435	1.466	2.19
13	规则波	4.0	0.60	0	2.5D	56	0.571	1.191	1.054	-11.49
14	规则波	5.0	0.80	0	2.5D	96	0.333	1.138	1.124	-1.24

续上表

组次	波浪类型	波高(cm)	周期(s)	入射角(°)	墩纵中心距	波长 L(cm)	$\frac{B-0.5D}{L}$	实测 $\frac{\eta_0}{f(H+h_s)}$	拟合值	误差(%)
15	规则波	6.0	1.00	0	2.5D	137	0.234	1.295	1.229	-5.16
16	规则波	7.0	1.20	0	2.5D	177	0.181	1.293	1.286	-0.56
17	规则波	8.0	1.40	0	2.5D	215	0.149	1.325	1.318	-0.55
18	规则波	9.0	1.60	0	2.5D	253	0.126	1.338	1.338	0.02
19	规则波	4.0	0.60	0	3.0D	56	0.714	1.145	1.120	-2.16
20	规则波	5.0	0.80	0	3.0D	96	0.417	1.101	1.048	-4.79
21	规则波	6.0	1.00	0	3.0D	137	0.292	1.127	1.128	0.07
22	规则波	7.0	1.20	0	3.0D	177	0.226	1.151	1.185	2.95
23	规则波	8.0	1.40	0	3.0D	215	0.186	1.215	1.218	0.27
24	规则波	9.0	1.60	0	3.0D	253	0.158	1.275	1.241	-2.68
25	规则波	4.0	0.60	0	4.0D	56	1.000	1.158	1.148	-0.86
26	规则波	5.0	0.80	0	4.0D	96	0.583	1.075	1.028	-4.34
27	规则波	6.0	1.00	0	4.0D	137	0.409	1.083	1.031	-4.79
28	规则波	7.0	1.20	0	4.0D	177	0.316	1.092	1.066	-2.38
29	规则波	8.0	1.40	0	4.0D	215	0.260	1.113	1.094	-1.74
30	规则波	9.0	1.60	0	4.0D	253	0.221	1.173	1.114	-5.00

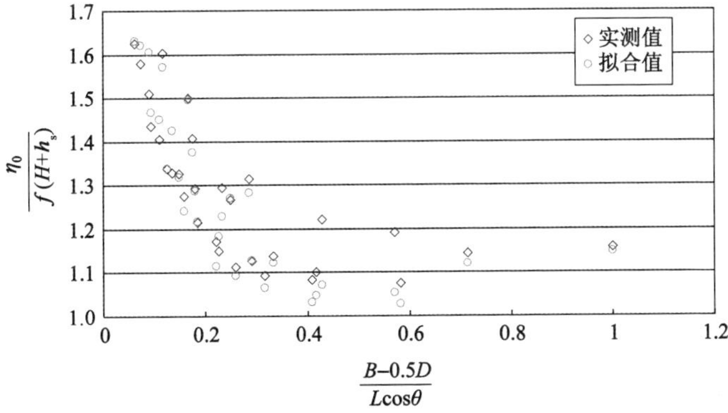

图 4-16 单排圆墩试验波浪正向入射实测无量纲波峰面拟合关系

从表 4-1 和表 4-2 可以看出,除墩纵间距为墩径的 2.0 倍、2.5 倍,入射波浪为 $H=4\text{cm}$、$T=0.6\text{s}$ 时,实测值与拟合值之间误差稍大外,其余均与拟合值比较吻合，反映了最大波峰面高度与墩尺度、间距以及入射波波长之间的关系。因此单排圆墩当波浪正向入射时，其最大波峰面高度可以按拟合的 $f(B,D,L)$ 与 $f(H+h_s)$ 的乘积计算。

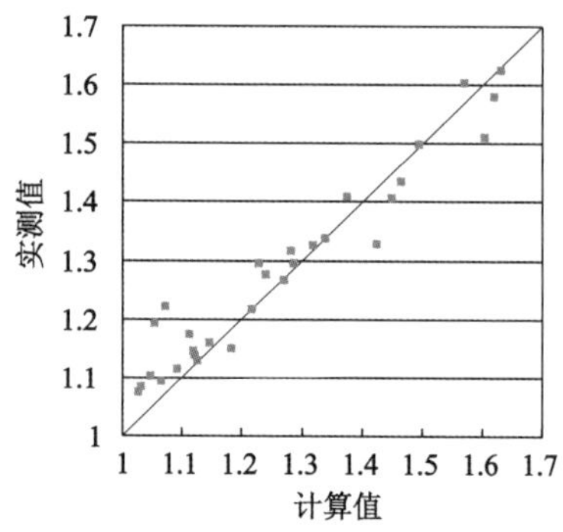

图 4-17　单排圆墩试验波浪正向入射相对波峰面高度 $\frac{\eta_0}{f(H+h_s)}$ 计算值与实测值比较

4.1.2　波浪斜向入射情况

为考虑波浪入射方向对波峰面高度的影响，单排圆墩对中心组次（墩纵中心间距为 2.5 倍墩径情况）在入射角为 22.5°、45°、67.5°、90°情况下进行全组次规则波试验。

从试验的情况分析，随着入射角度的增大，墩群对波浪的反射与正向入射相比有所减小，当入射角度为 90°，迎浪面第一个墩柱对其后墩柱形成掩护，此时墩柱周围波高与单墩试验很接近。墩柱间波态较乱，主要受墩柱间绕射波的影响。图 4-18 ~ 图 4-21 分别为不同入射角试验波况。

a)

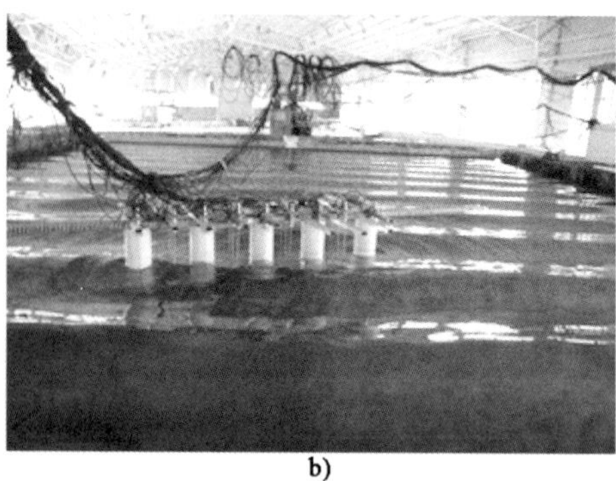

b)

图 4-18　单排圆墩试验波况（$B=2.5D$，入射角为 22.5°）

a)

b)

图 4-19　单排圆墩试验波况（$B=2.5D$，入射角为45°）

a)

b)

图 4-20　单排圆墩试验波况（$B=2.5D$，入射角为67.5°）

a)

b)

图 4-21　单排圆墩试验波况（$B=2.5D$，入射角为90°）

不同波浪入射角单排圆墩试验各测点波高、波峰面高度分布分别见图 4-22 ~ 图 4-29。

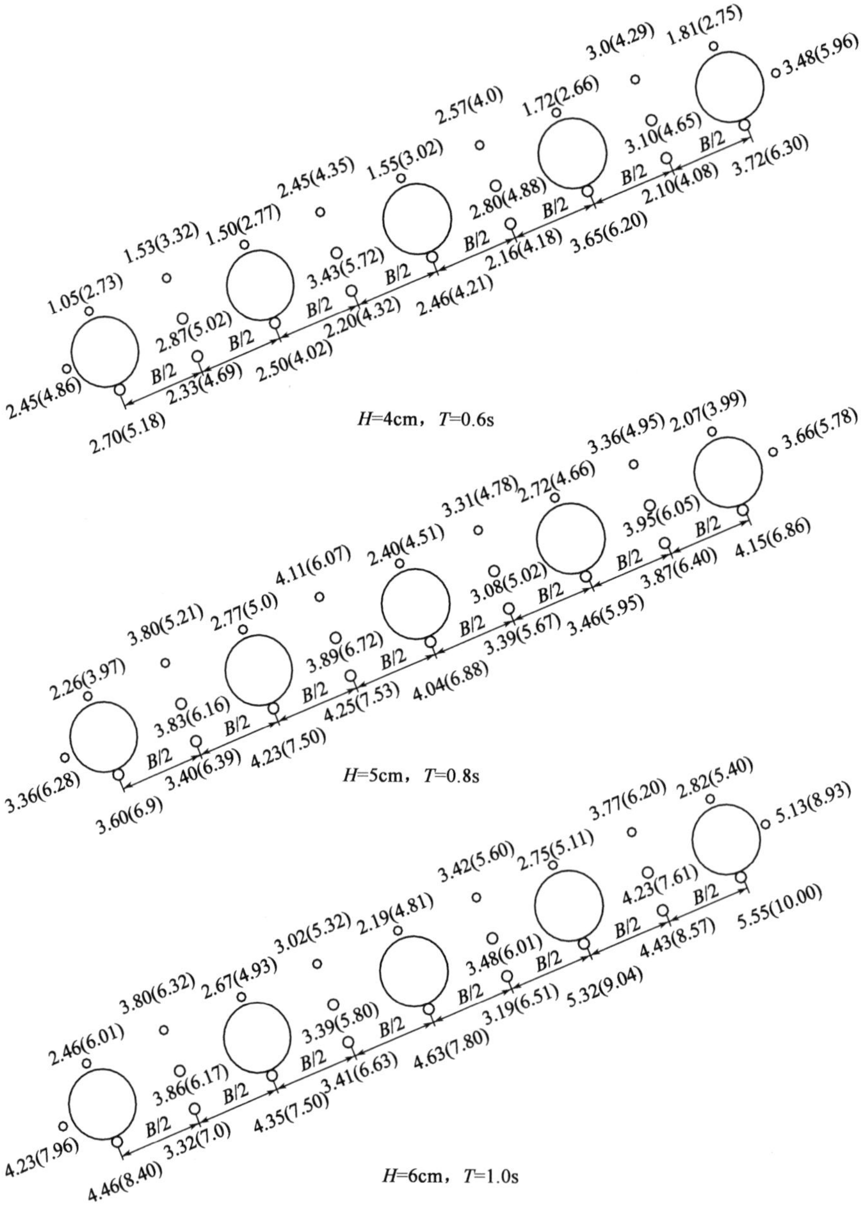

1.05(2.73) 1.53(3.32) 1.50(2.77) 2.45(4.35) 1.55(3.02) 2.57(4.0) 1.72(2.66) 3.0(4.29) 1.81(2.75) 3.48(5.96)

2.87(5.02) 3.43(5.72) 2.80(4.88) 3.10(4.65)

2.45(4.86) 2.33(4.69) 2.50(4.02) 2.20(4.32) 2.46(4.21) 2.16(4.18) 3.65(6.20) 2.10(4.08) 3.72(6.30)

2.70(5.18)

B/2 B/2 B/2 B/2 B/2 B/2 B/2 B/2 B/2 B/2

H=4cm，T=0.6s

2.26(3.97) 3.80(5.21) 2.77(5.0) 4.11(6.07) 2.40(4.51) 3.31(4.78) 2.72(4.66) 3.36(4.95) 2.07(3.99) 3.66(5.78)

3.83(6.16) 3.89(6.72) 3.08(5.02) 3.95(6.05)

3.36(6.28) 3.40(6.39) 4.23(7.50) 4.25(7.53) 4.04(6.88) 3.39(5.67) 3.46(5.95) 3.87(6.40) 4.15(6.86)

3.60(6.9)

B/2 B/2 B/2 B/2 B/2 B/2 B/2 B/2 B/2 B/2

H=5cm，T=0.8s

2.46(6.01) 3.80(6.32) 2.67(4.93) 3.02(5.32) 2.19(4.81) 3.42(5.60) 2.75(5.11) 3.77(6.20) 2.82(5.40) 5.13(8.93)

3.86(6.17) 3.39(5.80) 3.48(6.01) 4.23(7.61)

4.23(7.96) 3.32(7.0) 4.35(7.50) 3.41(6.63) 4.63(7.80) 3.19(6.51) 5.32(9.04) 4.43(8.57) 5.55(10.00)

4.46(8.40)

B/2 B/2 B/2 B/2 B/2 B/2 B/2 B/2 B/2 B/2

H=6cm，T=1.0s

图 4-22　规则波单排圆墩试验波高与波峰面高度分布

(B = 2.5D,入射角为 22.5°)(1)

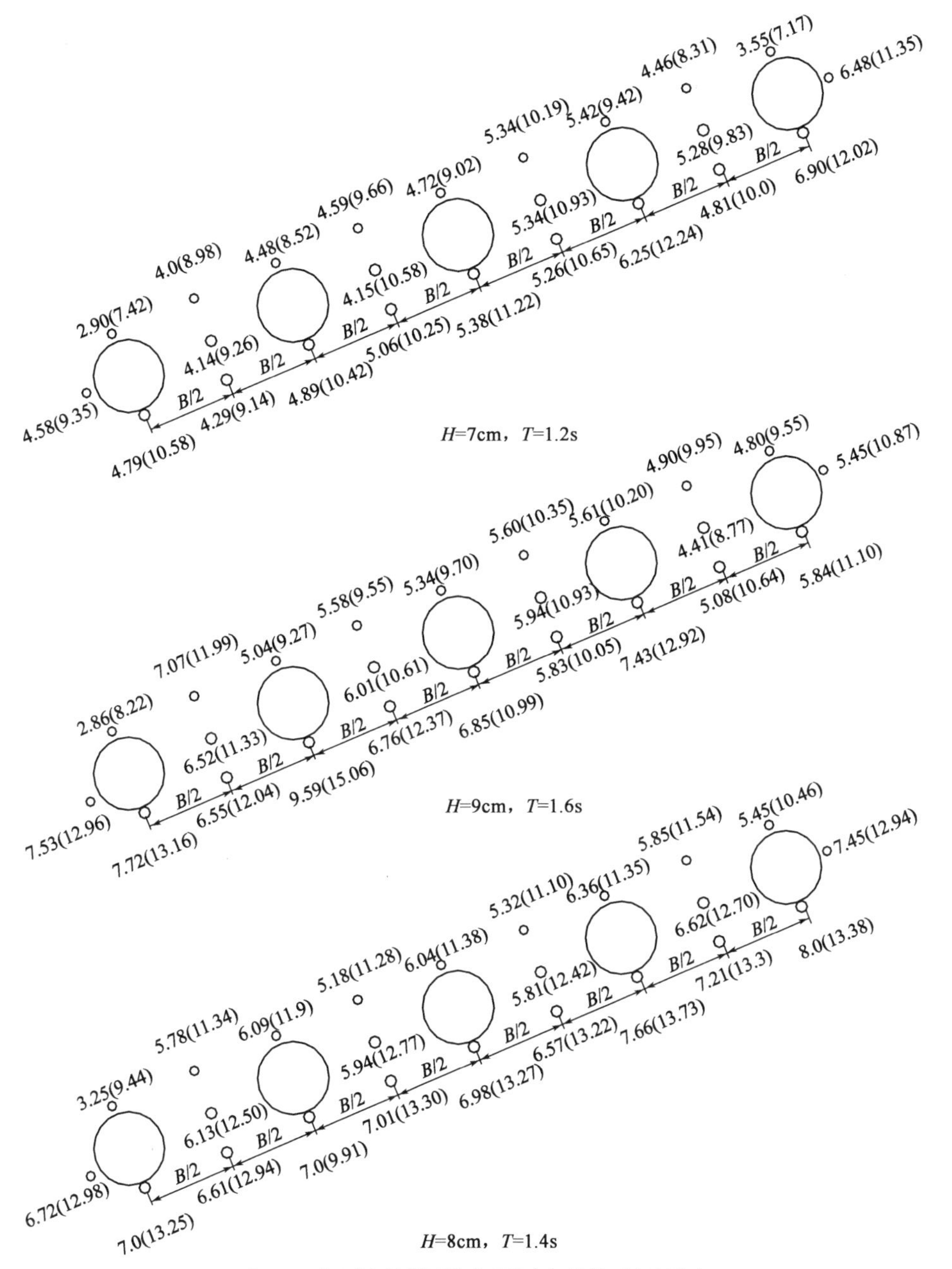

图 4-23　规则波单排圆墩试验波高与波峰面高度分布

（$B=2.5D$，入射角为 22.5°）（2）

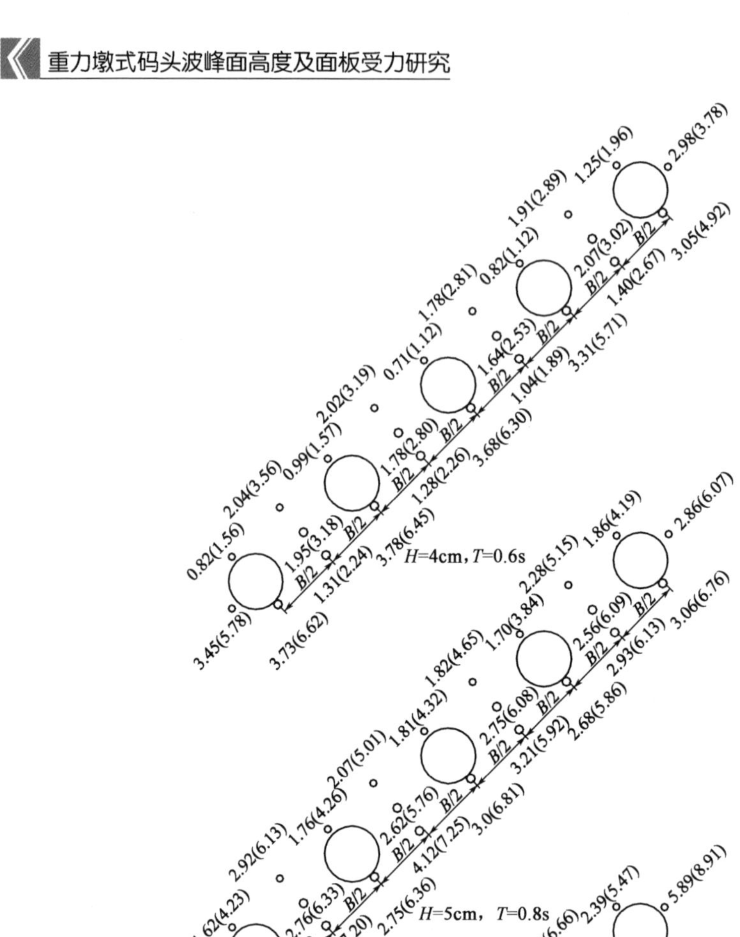

图 4-24 规则波单排圆墩试验波高与波峰面高度分布

($B=2.5D$,入射角为 45°)(1)

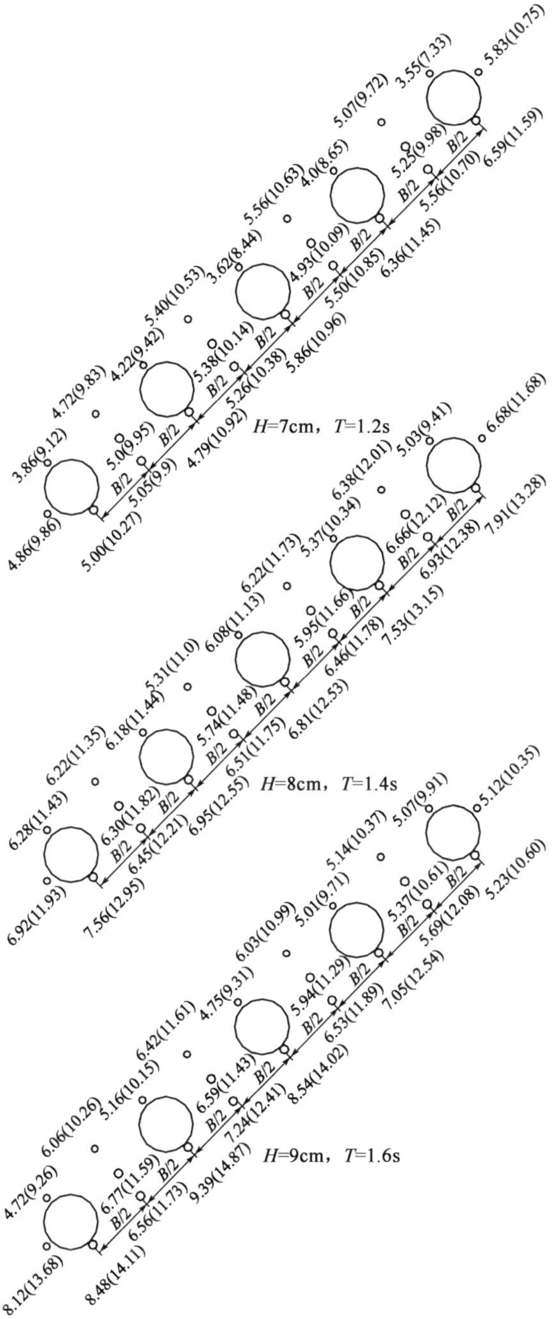

H=7cm，T=1.2s

H=8cm，T=1.4s

H=9cm，T=1.6s

图 4-25 规则波单排圆墩试验波高与波峰面高度分布

(B = 2.5D,入射角为 45°)(2)

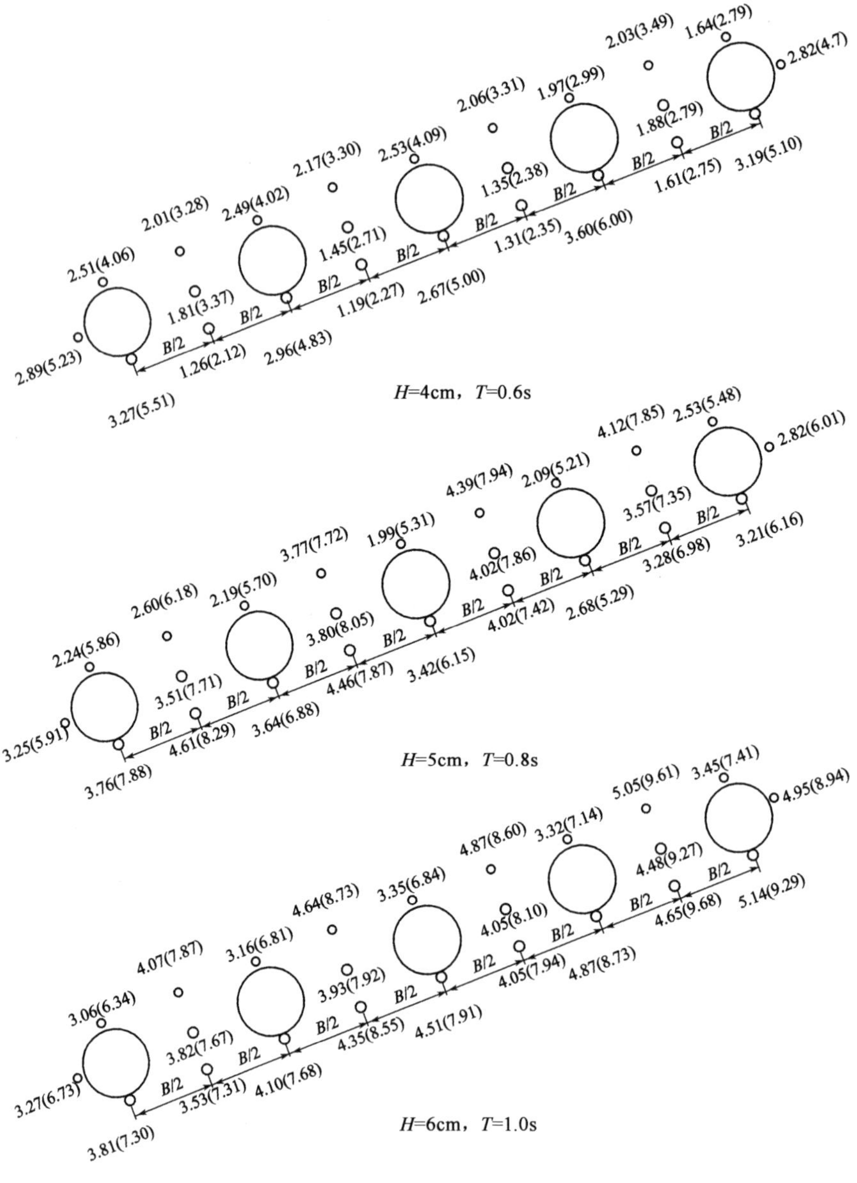

H=4cm，T=0.6s

H=5cm，T=0.8s

H=6cm，T=1.0s

图 4-26　规则波单排圆墩试验波高与波峰面高度分布
（B = 2.5D，入射角为 67.5°）（1）

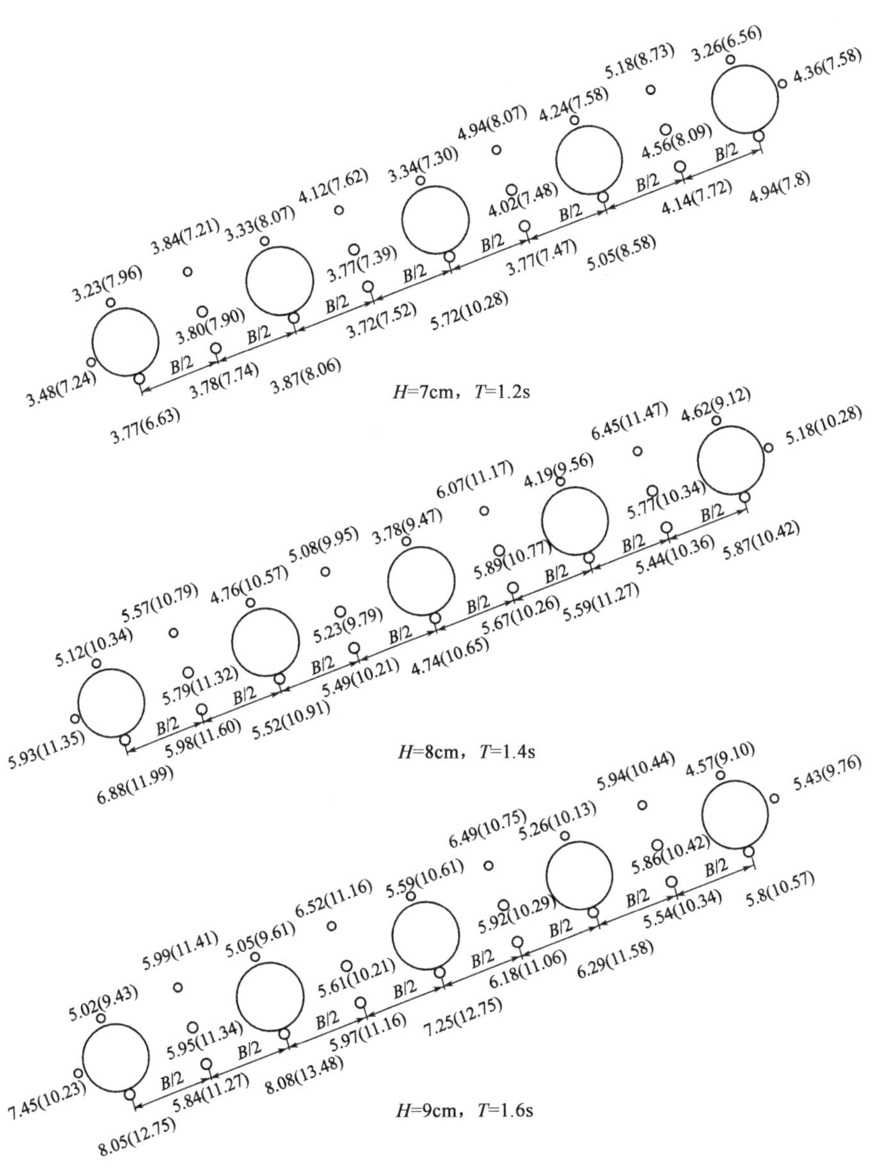

图 4-27　规则波单排圆墩试验波高与波峰面高度分布

($B=2.5D$,入射角为 67.5°)(2)

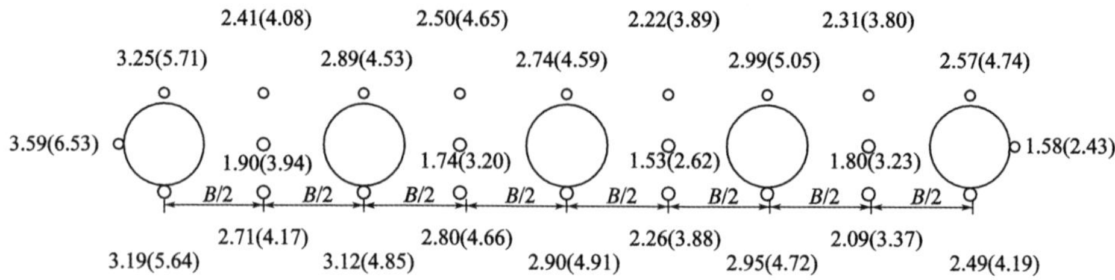

H=4cm，*T*=0.6s

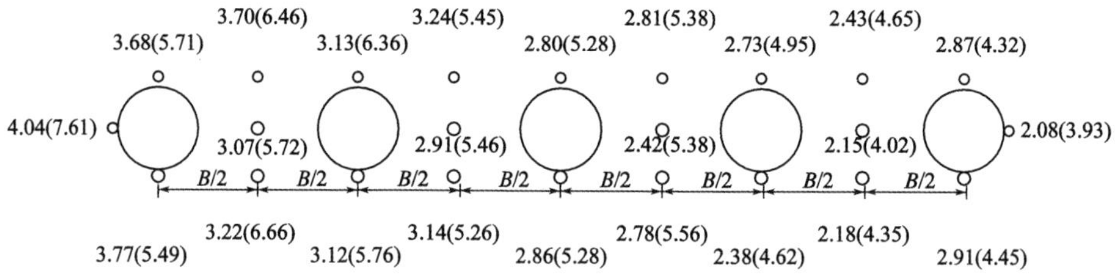

H=5cm，*T*=0.8s

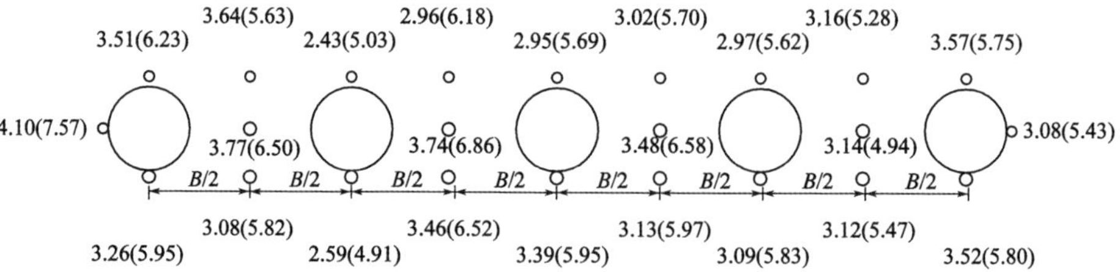

H=6cm，*T*=1.0s

图 4-28　规则波单排圆墩试验波高与波峰面高度分布

($B=2.5D$,入射角为 90°)(1)

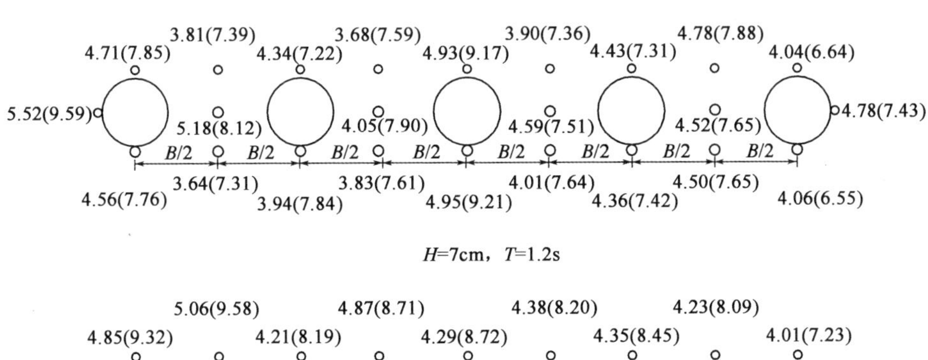

H=7cm，T=1.2s

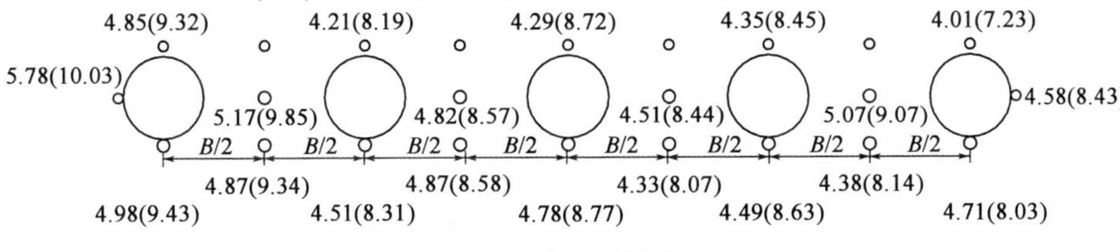

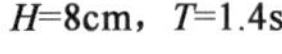

H=8cm，T=1.4s

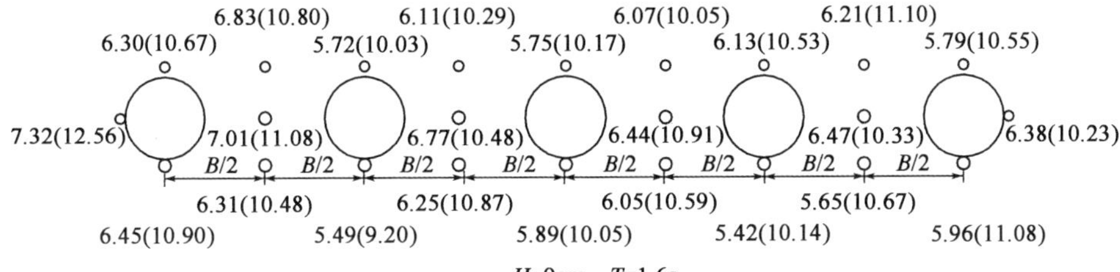

H=9cm，T=1.6s

图4-29 规则波单排圆墩试验波高与波峰面高度分布

(B=2.5D,入射角为90°)(2)

从以上波峰面分布情况来看,随着波浪入射角的增大,其最大波峰面高度有所减小。当入射角为90°时,最大波峰面均发生在迎浪面墩的中心位置,其值大致与单墩试验相当。因此对于单排圆墩,当波浪入射角为90°,其最大波峰面高度可以按照单墩处理。对波浪入射角为22.5°、45°、67.5°各组次最大波峰面高度进行分析,同样按照单排正向试验对最大波峰面高度无量纲化进行处理,并在$f(B,D,L)$拟合关系时的基础上考虑波浪入射角对最大波峰面高度的影响,通过拟合实测无量纲波峰面得到$f(B,D,L,\theta)$关系式。同样,在因子$(B-0.5D)/L$的基础上对其进行扩展来考虑入射角的影响,正向入射时入射角为0°,同时90°时根据试验情况可将其按单墩处理,因此可将因子$(B-0.5D)/L$变换为$(B-0.5D)/(L\cos\theta)$来考虑拟合关系式$f(B,D,L,\theta)$。$(B-0.5D)/(L\cos\theta)$反映了墩投影面积与间距的关系。表4-3为单排圆墩不同波浪入射角试验实测最大波峰面高度。

单排圆墩不同波浪入射角试验实测最大波峰面高度 表 4-3

组次	波浪类型	波高(cm)	周期(s)	入射角(°)	墩纵中心距	波长 L(cm)	$\frac{B-0.5D}{L\cos\theta}$	$f(H+h_s)$(cm)	η_0(cm)	$\frac{\eta_0}{f(H+h_s)}$
1	规则波	4.0	0.60	0	2.5D	56	0.571	3.19	3.80	1.191
2	规则波	5.0	0.80	0	2.5D	96	0.333	3.81	4.34	1.138
3	规则波	6.0	1.00	0	2.5D	137	0.234	4.52	5.86	1.295
4	规则波	7.0	1.20	0	2.5D	177	0.181	5.28	6.83	1.293
5	规则波	8.0	1.40	0	2.5D	215	0.149	6.08	8.06	1.325
6	规则波	9.0	1.60	0	2.5D	253	0.126	6.91	9.24	1.338
7	规则波	4.0	0.60	22.5	2.5D	56	0.619	3.19	3.72	1.164
8	规则波	5.0	0.80	22.5	2.5D	96	0.361	3.81	4.25	1.114
9	规则波	6.0	1.00	22.5	2.5D	137	0.253	4.52	5.55	1.227
10	规则波	7.0	1.20	22.5	2.5D	177	0.196	5.28	6.90	1.306
11	规则波	8.0	1.40	22.5	2.5D	215	0.161	6.08	8.00	1.316
12	规则波	9.0	1.60	22.5	2.5D	253	0.137	6.91	9.59	1.389
13	规则波	4.0	0.60	45	2.5D	56	0.808	3.19	3.78	1.183
14	规则波	5.0	0.80	45	2.5D	96	0.471	3.81	4.12	1.080
15	规则波	6.0	1.00	45	2.5D	137	0.330	4.52	5.26	1.163
16	规则波	7.0	1.20	45	2.5D	177	0.256	5.28	6.59	1.247
17	规则波	8.0	1.40	45	2.5D	215	0.210	6.08	7.91	1.301
18	规则波	9.0	1.60	45	2.5D	253	0.179	6.91	9.39	1.360
19	规则波	4.0	0.60	67.5	2.5D	56	1.493	3.19	3.60	1.127
20	规则波	5.0	0.80	67.5	2.5D	96	0.871	3.81	4.61	1.208
21	规则波	6.0	1.00	67.5	2.5D	137	0.610	4.52	5.14	1.136
22	规则波	7.0	1.20	67.5	2.5D	177	0.472	5.28	5.72	1.083
23	规则波	8.0	1.40	67.5	2.5D	215	0.389	6.08	6.88	1.131
24	规则波	9.0	1.60	67.5	2.5D	253	0.331	6.91	8.08	1.170
25	规则波	4.0	0.60	90	2.5D	56	—	3.19	3.59	1.124
26	规则波	5.0	0.80	90	2.5D	96	—	3.81	4.04	1.059
27	规则波	6.0	1.00	90	2.5D	137	—	4.52	4.10	0.906
28	规则波	7.0	1.20	90	2.5D	177	—	5.28	5.52	1.045
29	规则波	8.0	1.40	90	2.5D	215	—	6.08	5.78	0.950
30	规则波	9.0	1.60	90	2.5D	253	—	6.91	7.32	1.060

在正向入射拟合关系式基础上将拟合关系式变为：

$$f(B,D,L,\theta)=1+0.625e^{b}\cdot\left[1.25+\cos\frac{2\pi(B-0.5D)}{L\cos\theta}\right] \tag{4-3}$$

$$b=-0.25\times\frac{B-0.5D}{L\cos\theta}-0.5\times\frac{B}{D} \tag{4-4}$$

式中：$0°\leqslant\theta<90°$。

各组次试验实测无量纲$\frac{\eta_0}{f(H+h_s)}$与拟合值见表4-4，拟合关系见图4-30。图4-31为单排圆墩试验不同波浪入射角相对波峰面高度$\frac{\eta_0}{f(H+h_s)}$计算值与实测值比较，图中斜线为45°理想线。

单排圆墩不同波浪入射角试验实测无量纲$\frac{\eta_0}{f(H+h_s)}$与拟合值　　表4-4

组次	波浪类型	波高（cm）	周期（s）	入射角（°）	墩纵中心距	波长 L（cm）	$\frac{B-0.5D}{L\cos\theta}$	实测 $\frac{\eta_0}{f(H+h_s)}$	拟合值	误差（%）
1	规则波	4.0	0.60	0	2.5D	56	0.571	1.191	1.054	-11.49
2	规则波	5.0	0.80	0	2.5D	96	0.333	1.138	1.124	-1.24
3	规则波	6.0	1.00	0	2.5D	137	0.234	1.295	1.229	-5.16
4	规则波	7.0	1.20	0	2.5D	177	0.181	1.293	1.286	-0.56
5	规则波	8.0	1.40	0	2.5D	215	0.149	1.325	1.318	-0.55
6	规则波	9.0	1.60	0	2.5D	253	0.126	1.338	1.338	0.02
7	规则波	4.0	0.60	22.5	2.5D	56	0.619	1.164	1.079	-7.34
8	规则波	5.0	0.80	22.5	2.5D	96	0.361	1.114	1.100	-1.30
9	规则波	6.0	1.00	22.5	2.5D	137	0.253	1.227	1.207	-1.61
10	规则波	7.0	1.20	22.5	2.5D	177	0.196	1.306	1.270	-2.73
11	规则波	8.0	1.40	22.5	2.5D	215	0.161	1.316	1.306	-0.71
12	规则波	9.0	1.60	22.5	2.5D	253	0.137	1.389	1.329	-4.29
13	规则波	4.0	0.60	45	2.5D	56	0.808	1.183	1.235	4.39
14	规则波	5.0	0.80	45	2.5D	96	0.471	1.080	1.042	-3.48
15	规则波	6.0	1.00	45	2.5D	137	0.330	1.163	1.126	-3.13

续上表

组次	波浪类型	波高(cm)	周期(s)	入射角(°)	墩纵中心距	波长 L(cm)	$\frac{B-0.5D}{L\cos\theta}$	实测 $\frac{\eta_0}{f(H+h_s)}$	拟合值	误差(%)
16	规则波	7.0	1.20	45	2.5D	177	0.256	1.247	1.204	-3.46
17	规则波	8.0	1.40	45	2.5D	215	0.210	1.301	1.254	-3.59
18	规则波	9.0	1.60	45	2.5D	253	0.179	1.360	1.288	-5.28
19	规则波	4.0	0.60	67.5	2.5D	56	1.493	1.127	1.031	-8.52
20	规则波	5.0	0.80	67.5	2.5D	96	0.871	1.208	1.279	5.87
21	规则波	6.0	1.00	67.5	2.5D	137	0.610	1.136	1.074	-5.48
22	规则波	7.0	1.20	67.5	2.5D	177	0.472	1.083	1.042	-3.73
23	规则波	8.0	1.40	67.5	2.5D	215	0.389	1.131	1.079	-4.66
24	规则波	9.0	1.60	67.5	2.5D	253	0.331	1.170	1.126	-3.75
25	规则波	4.0	0.60	90	2.5D	56	—	1.124	—	—
26	规则波	5.0	0.80	90	2.5D	96	—	1.059	—	—
27	规则波	6.0	1.00	90	2.5D	137	—	0.906	—	—
28	规则波	7.0	1.20	90	2.5D	177	—	1.045	—	—
29	规则波	8.0	1.40	90	2.5D	215	—	0.950	—	—
30	规则波	9.0	1.60	90	2.5D	253	—	1.060	—	—

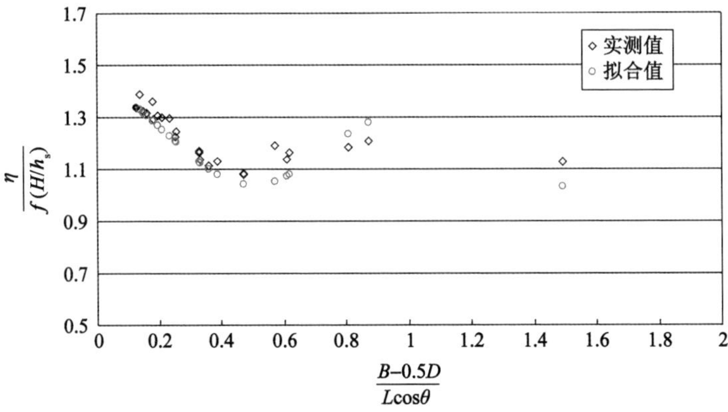

图 4-30　单排圆墩试验不同波浪入射角实测无量纲波峰面拟合关系

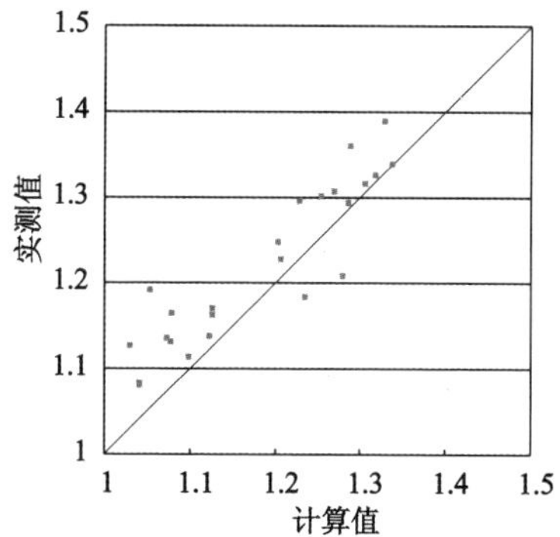

图4-31 单排圆墩试验不同波浪入射角相对波峰面高度$\frac{\eta_0}{f(H+h_s)}$计算值与实测值比较

从以上图表可以看出,大部分实测值与拟合值比较吻合,误差在5%左右。

4.2 双排圆形沉箱波峰面高度

双排圆墩试验,考虑波浪正向入射,在单排试验中心组次(墩纵中心距为墩径的2.5倍)的基础上,通过改变前、后两排墩柱之间的间距进行,该间距定义为墩横中心距,为前后两排墩柱中心之间的距离,用B'表示。考虑到工程实际当中前后两排墩柱跨度不会太大,针对墩横中心距为1.2倍、1.5倍、1.8倍和2.1倍墩径情况,采用全组次规则波进行试验。双排圆墩试验波高和波峰面测点布置见图4-32。

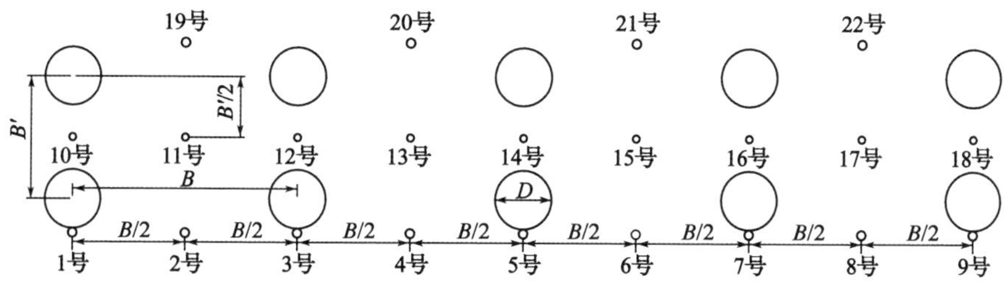

图4-32 双排圆墩试验波高、波峰面测点布置

双排圆墩试验群墩周围波高、波峰面由于受前、后墩柱的相互影响,其形态与单排相比较更加复杂,波高、波峰面高度均有所增大。随着前、后排墩横中心距的增大,波高变化不大。图4-33~图4-36分别为不同墩横中心距试验波况。不同墩横中心间距,波浪正向入射双排圆墩试验各测点波高、波峰面高度分布分别见图4-37~图4-44。

a)

b)

图 4-33　双排圆墩试验波况（$B = 2.5D$，$B' = 1.2D$，入射角为 0°）

a)

b)

图 4-34　双排圆墩试验波况（$B = 2.5D$，$B' = 1.5D$，入射角为 0°）

a)

b)

图 4-35　双排圆墩试验波况（$B = 2.5D$，$B' = 1.8D$，入射角为 0°）

a)

b)

图 4-36　双排圆墩试验波况（$B=2.5D$，$B'=2.1D$，入射角为 0°）

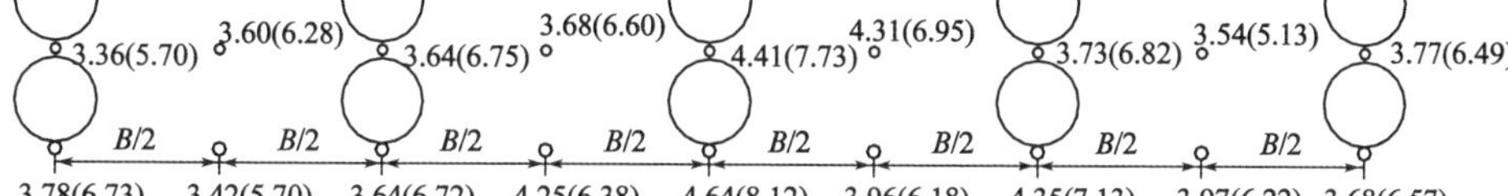

H=4cm，T=0.6s

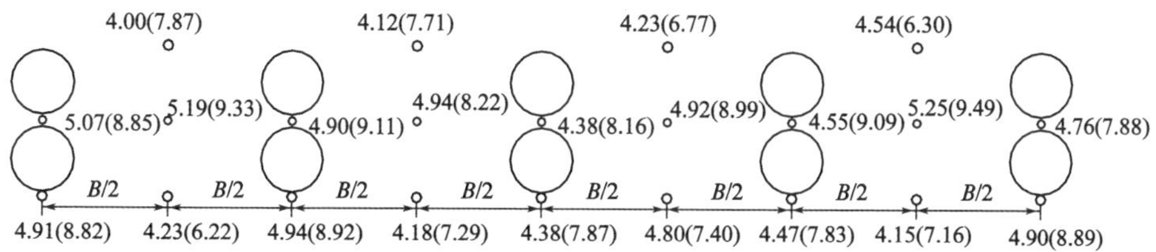

H=5cm，T=0.8s

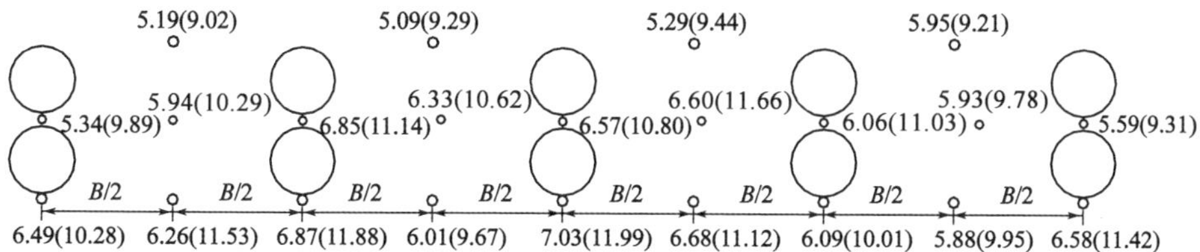

H=6cm，T=1.0s

图 4-37　规则波双排圆墩试验波高与波峰面高度分布

（$B=2.5D$，$B'=1.2D$，入射角为 0°）（1）

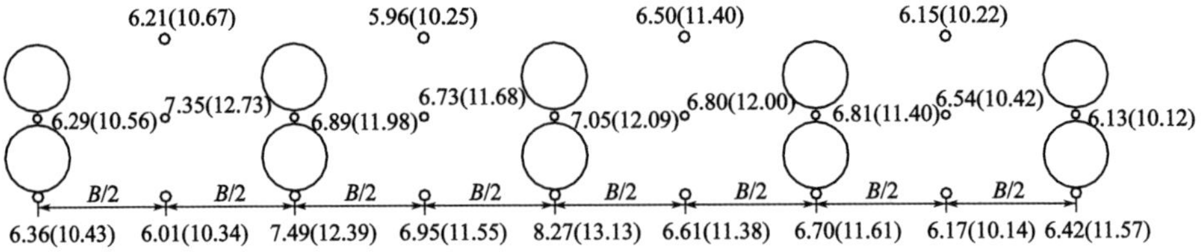

6.21(10.67) 5.96(10.25) 6.50(11.40) 6.15(10.22)

6.29(10.56) 7.35(12.73) 6.89(11.98) 6.73(11.68) 7.05(12.09) 6.80(12.00) 6.81(11.40) 6.54(10.42) 6.13(10.12)

B/2 B/2 B/2 B/2 B/2 B/2 B/2 B/2

6.36(10.43) 6.01(10.34) 7.49(12.39) 6.95(11.55) 8.27(13.13) 6.61(11.38) 6.70(11.61) 6.17(10.14) 6.42(11.57)

H=7cm，T=1.2s

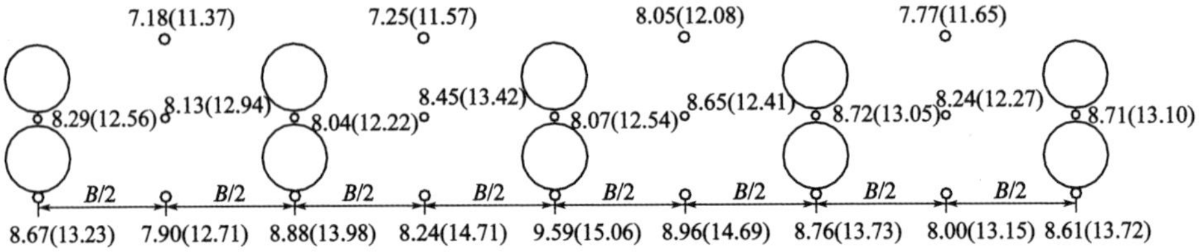

7.18(11.37) 7.25(11.57) 8.05(12.08) 7.77(11.65)

8.29(12.56) 8.13(12.94) 8.04(12.22) 8.45(13.42) 8.07(12.54) 8.65(12.41) 8.72(13.05) 8.24(12.27) 8.71(13.10)

B/2 B/2 B/2 B/2 B/2 B/2 B/2 B/2

8.67(13.23) 7.90(12.71) 8.88(13.98) 8.24(14.71) 9.59(15.06) 8.96(14.69) 8.76(13.73) 8.00(13.15) 8.61(13.72)

H=8cm，T=1.4s

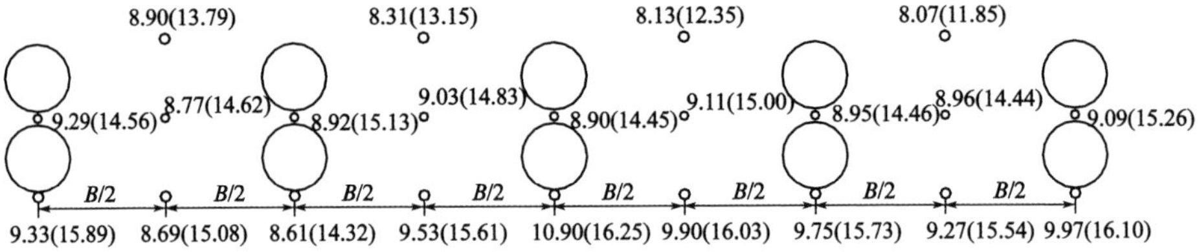

8.90(13.79) 8.31(13.15) 8.13(12.35) 8.07(11.85)

9.29(14.56) 8.77(14.62) 8.92(15.13) 9.03(14.83) 8.90(14.45) 9.11(15.00) 8.95(14.46) 8.96(14.44) 9.09(15.26)

B/2 B/2 B/2 B/2 B/2 B/2 B/2 B/2

9.33(15.89) 8.69(15.08) 8.61(14.32) 9.53(15.61) 10.90(16.25) 9.90(16.03) 9.75(15.73) 9.27(15.54) 9.97(16.10)

H=9cm，T=1.6s

图 4-38　规则波双排圆墩试验波高与波峰面高度分布

(B = 2.5D, B' = 1.2D, 入射角为 0°)(2)

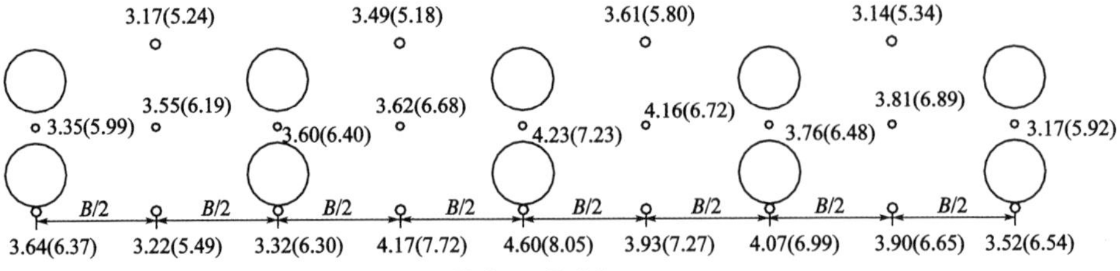

3.17(5.24) 3.49(5.18) 3.61(5.80) 3.14(5.34)

3.35(5.99) 3.55(6.19) 3.60(6.40) 3.62(6.68) 4.23(7.23) 4.16(6.72) 3.76(6.48) 3.81(6.89) 3.17(5.92)

B/2 B/2 B/2 B/2 B/2 B/2 B/2 B/2

3.64(6.37) 3.22(5.49) 3.32(6.30) 4.17(7.72) 4.60(8.05) 3.93(7.27) 4.07(6.99) 3.90(6.65) 3.52(6.54)

H=4cm，T=0.6s

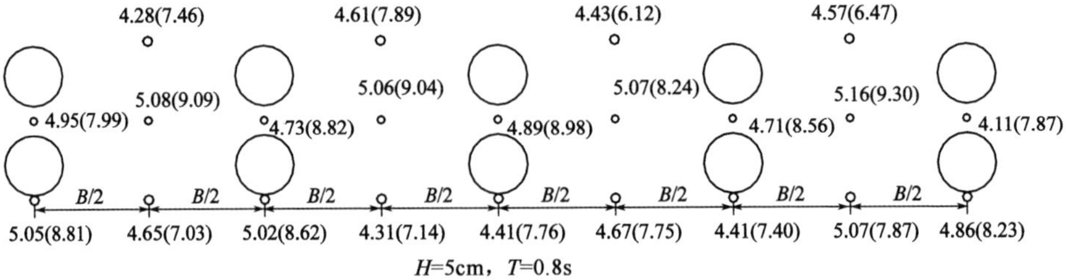

4.28(7.46) 4.61(7.89) 4.43(6.12) 4.57(6.47)

4.95(7.99) 5.08(9.09) 4.73(8.82) 5.06(9.04) 4.89(8.98) 5.07(8.24) 4.71(8.56) 5.16(9.30) 4.11(7.87)

B/2 B/2 B/2 B/2 B/2 B/2 B/2 B/2

5.05(8.81) 4.65(7.03) 5.02(8.62) 4.31(7.14) 4.41(7.76) 4.67(7.75) 4.41(7.40) 5.07(7.87) 4.86(8.23)

H=5cm，T=0.8s

图　4-39

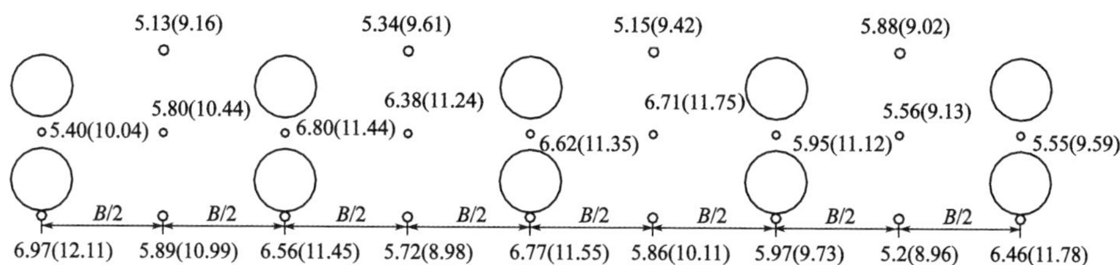

H=6cm，T=1.0s

图 4-39　规则波双排圆墩试验波高与波峰面高度分布
（$B=2.5D$,$B'=1.5D$,入射角为 0°）(1)

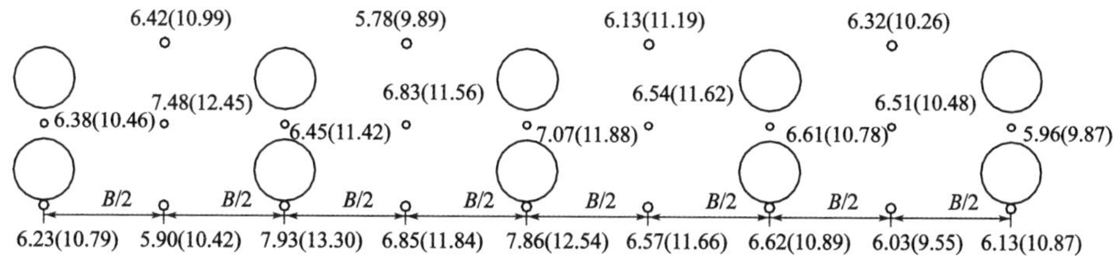

H=7cm，T=1.2s

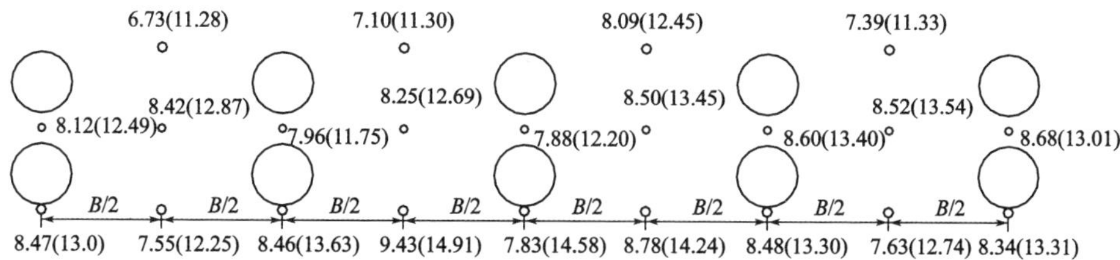

H=8cm，T=1.4s

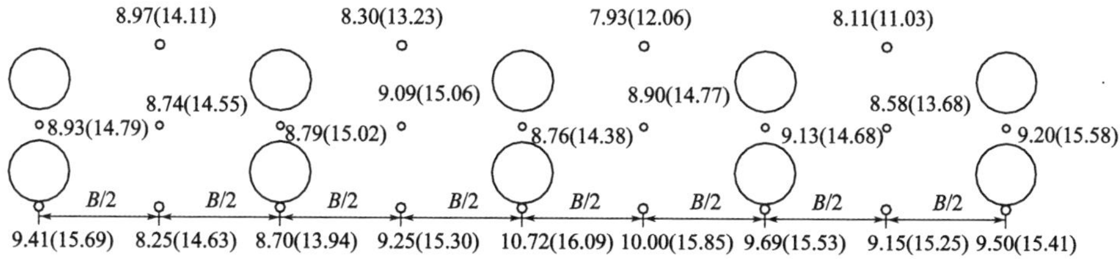

H=9cm，T=1.6s

图 4-40　规则波双排圆墩试验波高与波峰面高度分布
（$B=2.5D$,$B'=1.5D$,入射角为 0°）(2)

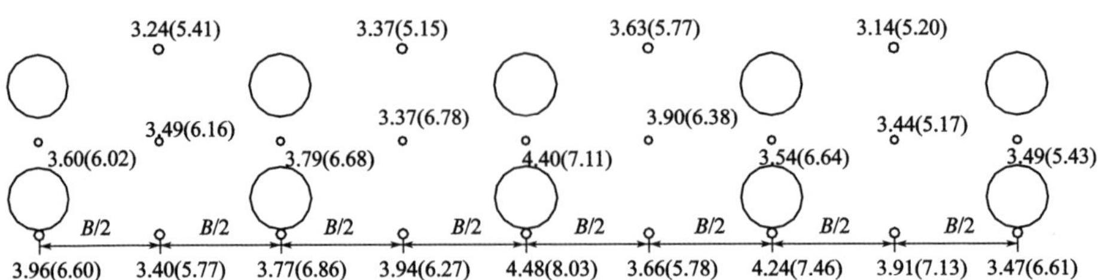

H=4cm，T=0.6s

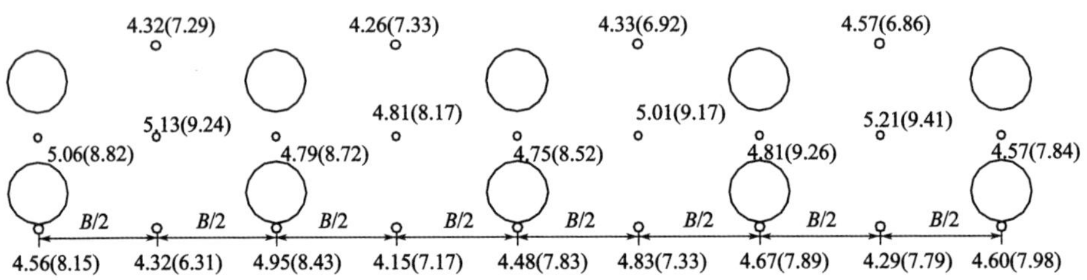

H=5cm，T=0.8s

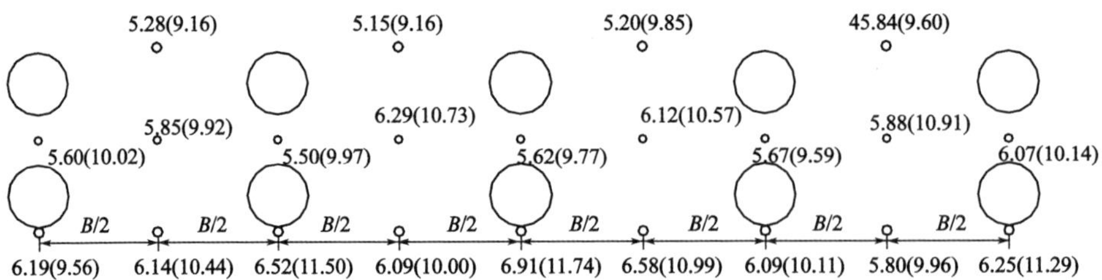

H=6cm，T=1.0s

图 4-41　规则波双排圆墩试验波高与波峰面高度分布

（$B = 2.5D$，$B' = 1.8D$，入射角为 0°）(1)

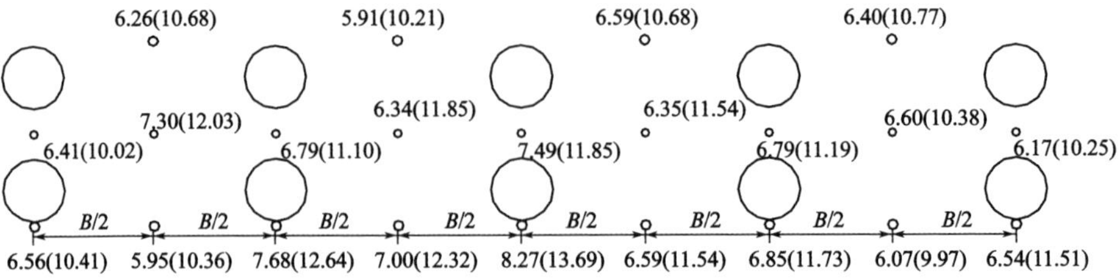

H=7cm，T=1.2s

图　4-42

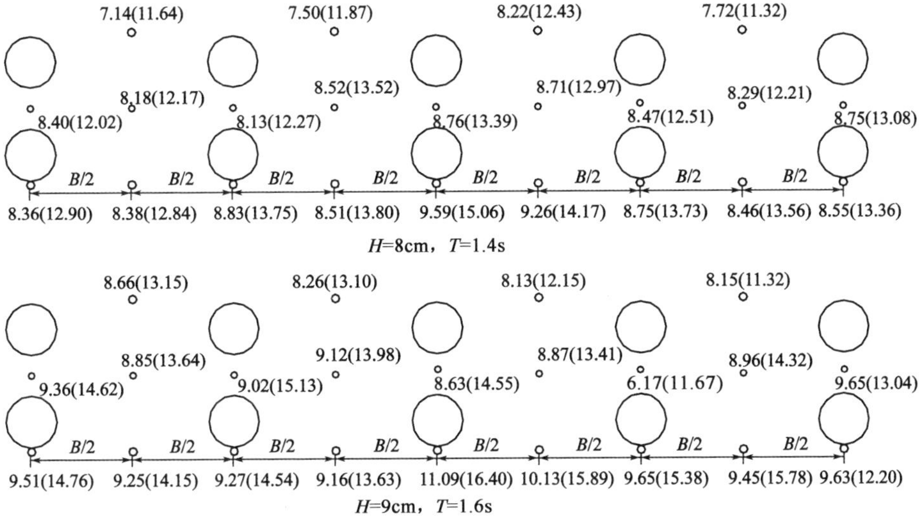

7.14(11.64) 7.50(11.87) 8.22(12.43) 7.72(11.32)

8.18(12.17) 8.52(13.52) 8.71(12.97) 8.29(12.21)

8.40(12.02) 8.13(12.27) 8.76(13.39) 8.47(12.51) 8.75(13.08)

B/2 B/2 B/2 B/2 B/2 B/2 B/2 B/2

8.36(12.90) 8.38(12.84) 8.83(13.75) 8.51(13.80) 9.59(15.06) 9.26(14.17) 8.75(13.73) 8.46(13.56) 8.55(13.36)

H=8cm，T=1.4s

8.66(13.15) 8.26(13.10) 8.13(12.15) 8.15(11.32)

8.85(13.64) 9.12(13.98) 8.87(13.41) 8.96(14.32)

9.36(14.62) 9.02(15.13) 8.63(14.55) 6.17(11.67) 9.65(13.04)

B/2 B/2 B/2 B/2 B/2 B/2 B/2 B/2

9.51(14.76) 9.25(14.15) 9.27(14.54) 9.16(13.63) 11.09(16.40) 10.13(15.89) 9.65(15.38) 9.45(15.78) 9.63(12.20)

H=9cm，T=1.6s

图 4-42 规则波双排圆墩试验波高与波峰面高度分布

($B=2.5D$,$B'=1.8D$,入射角为0°)(2)

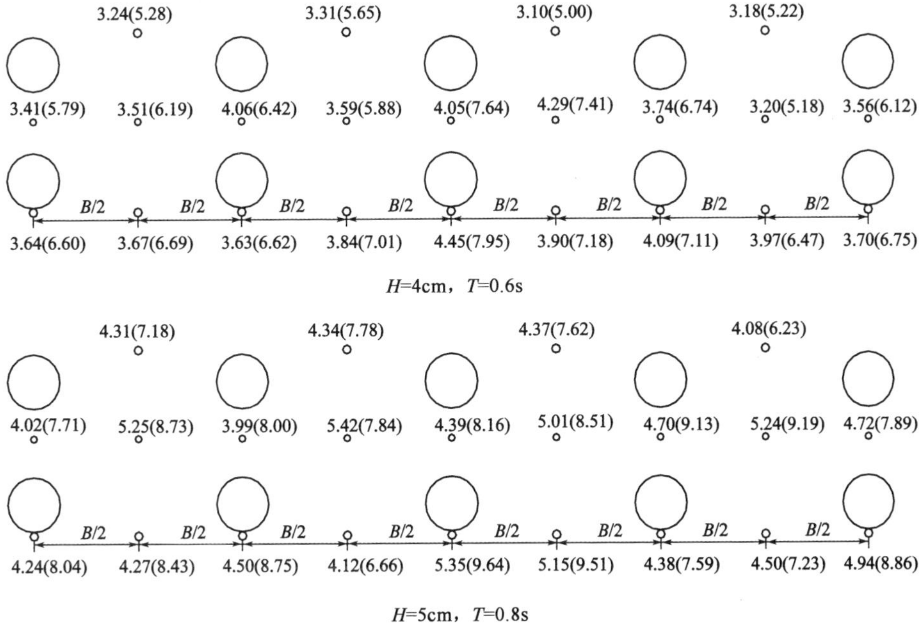

3.24(5.28) 3.31(5.65) 3.10(5.00) 3.18(5.22)

3.41(5.79) 3.51(6.19) 4.06(6.42) 3.59(5.88) 4.05(7.64) 4.29(7.41) 3.74(6.74) 3.20(5.18) 3.56(6.12)

B/2 B/2 B/2 B/2 B/2 B/2 B/2 B/2

3.64(6.60) 3.67(6.69) 3.63(6.62) 3.84(7.01) 4.45(7.95) 3.90(7.18) 4.09(7.11) 3.97(6.47) 3.70(6.75)

H=4cm，T=0.6s

4.31(7.18) 4.34(7.78) 4.37(7.62) 4.08(6.23)

4.02(7.71) 5.25(8.73) 3.99(8.00) 5.42(7.84) 4.39(8.16) 5.01(8.51) 4.70(9.13) 5.24(9.19) 4.72(7.89)

B/2 B/2 B/2 B/2 B/2 B/2 B/2 B/2

4.24(8.04) 4.27(8.43) 4.50(8.75) 4.12(6.66) 5.35(9.64) 5.15(9.51) 4.38(7.59) 4.50(7.23) 4.94(8.86)

H=5cm，T=0.8s

图 4-43

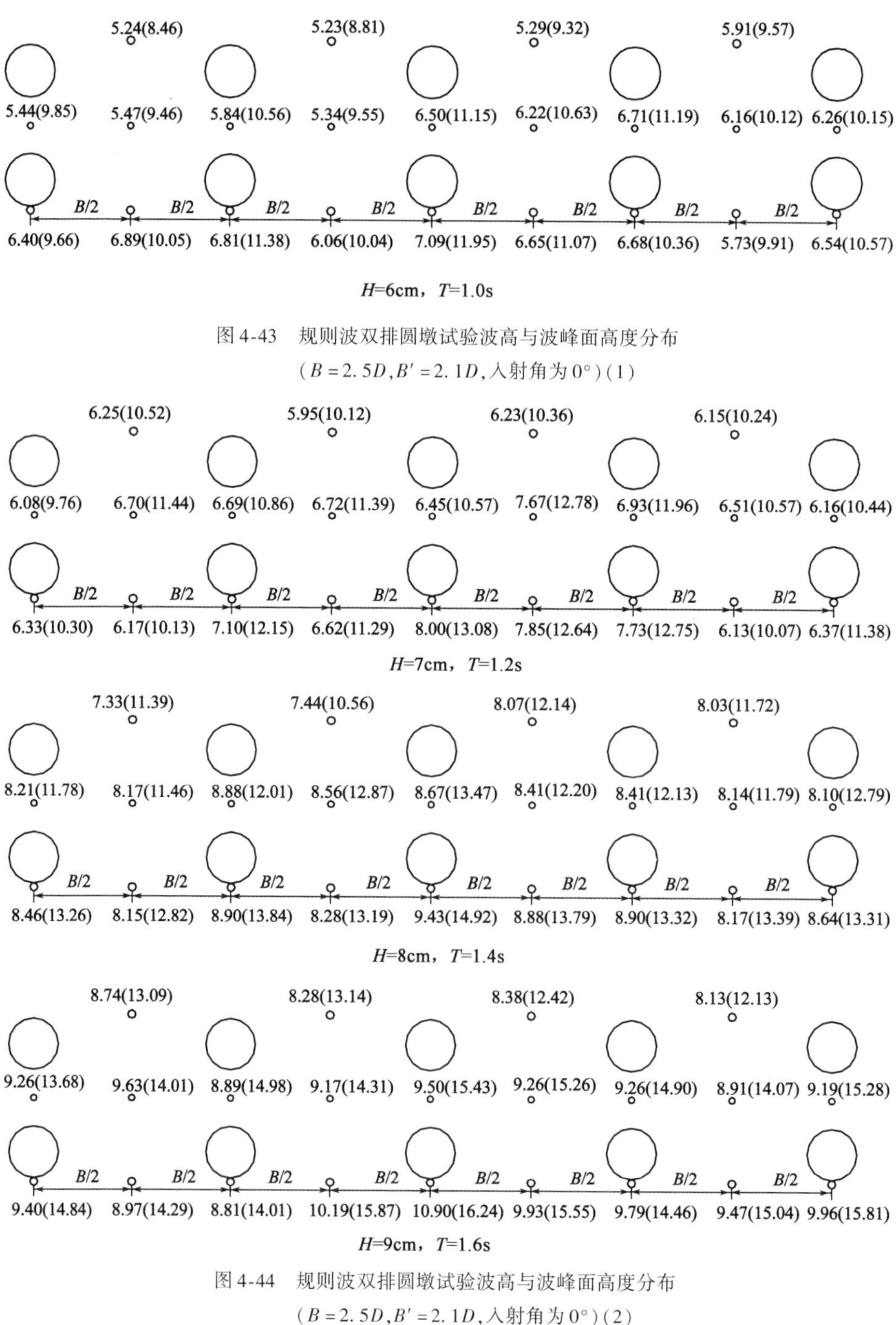

图 4-43　规则波双排圆墩试验波高与波峰面高度分布（$B=2.5D$，$B'=2.1D$，入射角为 0°）(1)

图 4-44　规则波双排圆墩试验波高与波峰面高度分布（$B=2.5D$，$B'=2.1D$，入射角为 0°）(2)

结合试验现象与波峰面高度分布情况分析，对于双排圆墩，墩横中心距对墩群间波浪影响不大，在相同入射波浪条件下，不同墩横中心距情况最大波峰面高度相差不大。与单排试验相比，双排圆墩对波浪反射更为明显，尤其当波浪周期较小时，墩群迎浪面前的反射波与入射波叠加，波浪来回振荡出现立波现象。对比双排圆墩与对应单排圆墩最大波峰面高度，分析两者之间关系。表4-5为双排圆墩试验与对应单排试验实测最大波峰面高度。

双排圆墩试验与对应单排试验实测最大波峰面高度　　表4-5

组次	波浪类型	波高（cm）	周期（s）	入射角（°）	墩纵中心距	墩横中心距	双排实测 η_0（cm）	对应单排实测 η_0（cm）	比值
1	规则波	4.0	0.60	0	2.5*D*	1.2*D*	4.64	3.80	1.22
2	规则波	5.0	0.80	0	2.5*D*	1.2*D*	5.25	4.34	1.21
3	规则波	6.0	1.00	0	2.5*D*	1.2*D*	7.03	5.86	1.20
4	规则波	7.0	1.20	0	2.5*D*	1.2*D*	8.27	6.83	1.21
5	规则波	8.0	1.40	0	2.5*D*	1.2*D*	9.59	8.06	1.19
6	规则波	9.0	1.60	0	2.5*D*	1.2*D*	10.90	9.24	1.18
7	规则波	4.0	0.60	0	2.5*D*	1.5*D*	4.60	3.80	1.21
8	规则波	5.0	0.80	0	2.5*D*	1.5*D*	5.16	4.34	1.19
9	规则波	6.0	1.00	0	2.5*D*	1.5*D*	6.97	5.86	1.19
10	规则波	7.0	1.20	0	2.5*D*	1.5*D*	7.93	6.83	1.16
11	规则波	8.0	1.40	0	2.5*D*	1.5*D*	9.43	8.06	1.17
12	规则波	9.0	1.60	0	2.5*D*	1.5*D*	10.72	9.24	1.16
13	规则波	4.0	0.60	0	2.5*D*	1.8*D*	4.48	3.80	1.18
14	规则波	5.0	0.80	0	2.5*D*	1.8*D*	5.21	4.34	1.20
15	规则波	6.0	1.00	0	2.5*D*	1.8*D*	6.91	5.86	1.18
16	规则波	7.0	1.20	0	2.5*D*	1.8*D*	8.27	6.83	1.21
17	规则波	8.0	1.40	0	2.5*D*	1.8*D*	9.59	8.06	1.19
18	规则波	9.0	1.60	0	2.5*D*	1.8*D*	11.09	9.24	1.20
19	规则波	4.0	0.60	0	2.5*D*	2.1*D*	4.45	3.80	1.17
20	规则波	5.0	0.80	0	2.5*D*	2.1*D*	5.34	4.34	1.23
21	规则波	6.0	1.00	0	2.5*D*	2.1*D*	7.09	5.86	1.21
22	规则波	7.0	1.20	0	2.5*D*	2.1*D*	8.00	6.83	1.17
23	规则波	8.0	1.40	0	2.5*D*	2.1*D*	9.43	8.06	1.17
24	规则波	9.0	1.60	0	2.5*D*	2.1*D*	10.90	9.24	1.18

从表 4-5 可以看出，双排圆墩最大波峰面高度，墩横中心距对其影响不大，其与单排之间的关系为：双排圆墩最大波峰面高度为对应单排圆墩（相同墩纵中心距）的 1.2 倍左右，偏于安全考虑取该系数为 1.25，即 $\eta_{双排} = 1.25\eta_{单排}$。

第 5 章　码头面板受力研究

圆形沉箱重力墩式码头波峰面的研究主要为圆形沉箱重力墩码头面高程的确定提供依据，同时码头面高程的确定与码头面板底部所受波浪上托力密切相关。本章在研究圆形沉箱墩群波峰面变化规律的基础上，对圆形沉箱码头面板底部受力进一步进行研究。根据波峰面高度试验结果，选定双排圆墩（墩纵中心间距为 2.5 倍墩径，墩横中心间距为 1.5 倍墩径）通过改变面板与静水面之间的高度 Δh 来进行波浪上托力的试验。试验码头面板宽度 42cm、长 180cm。通过在面板上布设点压力传感器测量波浪上托压强，根据各点测量的压强值与其代表面积乘积的积分得到面板所受总的波浪上托力。试验采用间歇式生波方式，以消除波浪的多次反射，生波时间约为 20 个波周期，在造波板产生的二次反射波达到模型之前结束试验，待水面平静后再继续造波试验，每一组次的试验重复至少 3 次，以确定试验数据的可靠性。同时，已有研究表明，波浪在对平板作用时，一个周期内平板的压强主要由两部分组成，一个是瞬时快速上升的冲击压强，另一个是缓慢变化的压强，前者通常远大于后者，变化也更为复杂。由于冲击压强的时间非常短，要求采样的频率较大，本次试验采样时间为 0.01s。由于平板下波浪运动的复杂性以及受被封存在板下的空气层影响，同一波况，每个波周期的压强和总力峰值并不相等。但重复试验所统计到的每组试验的平均峰值却比较稳定，因此，取这种平均值作为压强和总力的测量值。码头面板波浪上托力试验各组次见表 5-1，测点布置见图 5-1。

码头面板波浪上托力试验组次　　表 5-1

组次	墩形式	波浪类型	墩排数	水深（cm）	波高（cm）	周期（s）	超高（cm）	墩纵中心间距 B	墩横中心间距 B'	入射角（°）
1	圆墩	规则波	2	30	9.0	1.60	10.0	2.5D	1.5D	0
2	圆墩	规则波	2	30	9.0	1.60	9.0	2.5D	1.5D	0
3	圆墩	规则波	2	30	9.0	1.60	8.0	2.5D	1.5D	0
4	圆墩	规则波	2	30	9.0	1.60	7.0	2.5D	1.5D	0
5	圆墩	规则波	2	30	9.0	1.60	6.0	2.5D	1.5D	0

续上表

组次	墩形式	波浪类型	墩排数	水深(cm)	波高(cm)	周期(s)	超高(cm)	墩纵中心间距 B	墩横中心间距 B'	入射角(°)
6	圆墩	规则波	2	30	9.0	1.60	5.0	2.5D	1.5D	0
7	圆墩	规则波	2	30	8.0	1.40	9.0	2.5D	1.5D	0
8	圆墩	规则波	2	30	8.0	1.40	8.0	2.5D	1.5D	0
9	圆墩	规则波	2	30	8.0	1.40	7.0	2.5D	1.5D	0
10	圆墩	规则波	2	30	8.0	1.40	6.0	2.5D	1.5D	0
11	圆墩	规则波	2	30	8.0	1.40	5.0	2.5D	1.5D	0
12	圆墩	规则波	2	30	8.0	1.40	4.0	2.5D	1.5D	0
13	圆墩	规则波	2	30	7.0	1.20	7.0	2.5D	1.5D	0
14	圆墩	规则波	2	30	7.0	1.20	6.0	2.5D	1.5D	0
15	圆墩	规则波	2	30	7.0	1.20	5.0	2.5D	1.5D	0
16	圆墩	规则波	2	30	7.0	1.20	4.0	2.5D	1.5D	0
17	圆墩	规则波	2	30	7.0	1.20	3.0	2.5D	1.5D	0
18	圆墩	规则波	2	30	6.0	1.00	6.0	2.5D	1.5D	0
19	圆墩	规则波	2	30	6.0	1.00	5.0	2.5D	1.5D	0
20	圆墩	规则波	2	30	6.0	1.00	4.0	2.5D	1.5D	0
21	圆墩	规则波	2	30	6.0	1.00	3.0	2.5D	1.5D	0
22	圆墩	规则波	2	30	6.0	1.00	2.0	2.5D	1.5D	0
23	圆墩	规则波	2	30	5.0	0.80	5.0	2.5D	1.5D	0
24	圆墩	规则波	2	30	5.0	0.80	4.0	2.5D	1.5D	0
25	圆墩	规则波	2	30	5.0	0.80	3.0	2.5D	1.5D	0
26	圆墩	规则波	2	30	5.0	0.80	2.0	2.5D	1.5D	0
27	圆墩	规则波	2	30	5.0	0.80	1.0	2.5D	1.5D	0
28	圆墩	规则波	2	30	4.0	0.60	4.0	2.5D	1.5D	0
29	圆墩	规则波	2	30	4.0	0.60	3.0	2.5D	1.5D	0
30	圆墩	规则波	2	30	4.0	0.60	2.0	2.5D	1.5D	0
31	圆墩	规则波	2	30	4.0	0.60	1.0	2.5D	1.5D	0

注：表中超高即面板底部与静水面之间的距离。

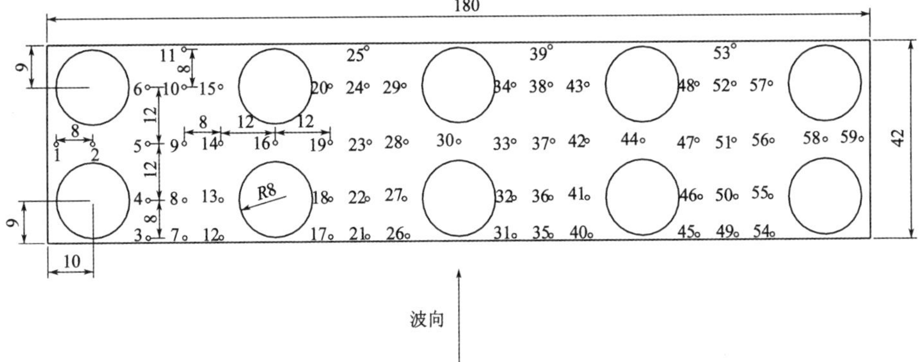

图 5-1　码头面板波浪上托力测点布置(尺寸单位:cm)

5.1　码头面板所受波浪上托力特征分析

波浪作用于群墩,群墩对波浪有明显的反射作用,由于群墩间波面起伏的不稳定性,各处波面高程不一。波浪作用圆形墩柱后,波面升高对码头面板产生冲击,该冲击作用从试验现象分析是比较迅速和强烈的,波浪冲击面板底部破碎并产生大量的气泡(图 5-2),这主要是静水面与码头面板底部之间空气垫层所致。同时与没有面板时波峰面高度试验相比较,由于面板与波浪的相互作用,面板下波面混乱程度更高。从试验的数据分析,规则波作用下,码头面板所受波浪上托力随着波浪的传播而周期性变化,当波面与面板接触时,上托力出现峰值,冲击压强出现峰值的历时很短,具有冲击荷载的特征;不同波况下波浪对面板产生的瞬时冲击压强峰值是不相等的,即使同一波况下,其也随时间和位置的变化而变化,随机波动十分明显,也就是说面板底部所受波浪上托力有比较大的随机特性。

a)

b)

图 5-2　波浪对码头面板底部冲击作用试验现象

5.1.1 最大波浪上托力和冲击压强

不同试验组次单位长度(该单位长度为垂直于波向的面板单宽)最大波浪上托力和冲击压强见表 5-2,相关组次最大波浪上托力发生时各测点对应压强分别见表 5-3 ~ 表 5-7。

各试验组次单位长度最大波浪上托力和冲击压强　　表 5-2

组次	波浪类型	波高(cm)	周期(s)	入射角(°)	墩纵中心距	墩横中心距	超高(cm)	最大波浪上托力(N/m)	最大冲击压强(kPa)
1	规则波	9.0	1.60	0	2.5*D*	1.5*D*	10.0	10.94	0.27
2	规则波	9.0	1.60	0	2.5*D*	1.5*D*	9.0	27.60	0.60
3	规则波	9.0	1.60	0	2.5*D*	1.5*D*	8.0	36.08	1.11
4	规则波	9.0	1.60	0	2.5*D*	1.5*D*	7.0	48.49	1.48
5	规则波	9.0	1.60	0	2.5*D*	1.5*D*	6.0	90.16	1.76
6	规则波	9.0	1.60	0	2.5*D*	1.5*D*	5.0	94.28	2.16
7	规则波	8.0	1.40	0	2.5*D*	1.5*D*	9.0	8.83	0.19
8	规则波	8.0	1.40	0	2.5*D*	1.5*D*	8.0	26.11	0.53
9	规则波	8.0	1.40	0	2.5*D*	1.5*D*	7.0	44.76	1.32
10	规则波	8.0	1.40	0	2.5*D*	1.5*D*	6.0	70.21	1.53
11	规则波	8.0	1.40	0	2.5*D*	1.5*D*	5.0	93.39	2.23
12	规则波	8.0	1.40	0	2.5*D*	1.5*D*	4.0	118.81	2.75
13	规则波	7.0	1.20	0	2.5*D*	1.5*D*	7.0	22.03	0.23
14	规则波	7.0	1.20	0	2.5*D*	1.5*D*	6.0	41.97	1.21
15	规则波	7.0	1.20	0	2.5*D*	1.5*D*	5.0	53.13	1.37
16	规则波	7.0	1.20	0	2.5*D*	1.5*D*	4.0	71.29	2.39
17	规则波	7.0	1.20	0	2.5*D*	1.5*D*	3.0	118.96	2.85
18	规则波	6.0	1.00	0	2.5*D*	1.5*D*	6.0	16.53	0.35
19	规则波	6.0	1.00	0	2.5*D*	1.5*D*	5.0	41.76	0.74
20	规则波	6.0	1.00	0	2.5*D*	1.5*D*	4.0	63.32	1.12
21	规则波	6.0	1.00	0	2.5*D*	1.5*D*	3.0	105.57	1.65
22	规则波	6.0	1.00	0	2.5*D*	1.5*D*	2.0	101.67	1.57
23	规则波	5.0	0.80	0	2.5*D*	1.5*D*	5.0	3.28	0.11

续上表

组次	波浪类型	波高(cm)	周期(s)	入射角(°)	墩纵中心距	墩横中心距	超高(cm)	最大波浪上托力(N/m)	最大冲击压强(kPa)
24	规则波	5.0	0.80	0	2.5D	1.5D	4.0	15.43	0.37
25	规则波	5.0	0.80	0	2.6D	1.5D	3.0	27.68	0.86
26	规则波	5.0	0.80	0	2.7D	1.5D	2.0	52.46	0.98
27	规则波	5.0	0.80	0	2.8D	1.5D	1.0	44.03	0.85
28	规则波	4.0	0.60	0	2.9D	1.5D	4.0	2.62	0.21
29	规则波	4.0	0.60	0	2.10D	1.5D	3.0	10.61	0.71
30	规则波	4.0	0.60	0	2.11D	1.5D	2.0	16.82	1.02
31	规则波	4.0	0.60	0	2.12D	1.5D	1.0	14.09	0.81

最大波浪上托力发生时各测点对应压强(1) 表5-3

波高 H=9.0cm,周期 T=1.60s,超高6cm,最大波浪上托力90.16N/m							
测点	压强(kPa)	测点	压强(kPa)	测点	压强(kPa)	测点	压强(kPa)
1	0.100	16	0.449	31	0.317	46	0.230
2	0.580	17	0.305	32	0.262	47	0.461
3	0.419	18	0.268	33	0.330	48	0.225
4	0.359	19	0.336	34	0.410	49	0.310
5	0.372	20	0.315	35	0.335	50	0.250
6	0.272	21	0.301	36	0.265	51	0.341
7	0.423	22	0.256	37	0.385	52	0.210
8	0.276	23	0.358	38	0.305	53	0.030
9	0.370	24	0.345	39	0.090	54	0.321
10	0.370	25	0.156	40	0.340	55	0.250
11	0.150	26	0.370	41	0.271	56	0.321
12	0.327	27	0.375	42	0.210	57	0.210
13	0.321	28	0.222	43	0.370	58	0.310
14	0.389	29	0.320	44	0.450	59	0.105
15	0.305	30	0.430	45	0.356	—	—

最大波浪上托力发生时各测点对应压强(2) 表5-4

波高 $H=8.0$cm,周期 $T=1.40$s,超高5cm,最大波浪上托力93.39N/m							
测点	压强(kPa)	测点	压强(kPa)	测点	压强(kPa)	测点	压强(kPa)
1	0.260	16	0.451	31	0.290	46	0.216
2	0.420	17	0.360	32	0.276	47	0.410
3	0.220	18	0.246	33	0.452	48	0.245
4	0.273	19	0.386	34	0.205	49	0.229
5	0.416	20	0.240	35	0.261	50	0.251
6	0.216	21	0.291	36	0.285	51	0.300
7	0.292	22	0.316	37	0.409	52	0.295
8	0.227	23	0.443	38	0.230	53	0.195
9	0.386	24	0.220	39	0.120	54	0.291
10	0.286	25	0.166	40	0.281	55	0.250
11	0.110	26	0.235	41	0.392	56	0.300
12	0.332	27	0.230	42	0.494	57	0.210
13	0.231	28	0.542	43	0.120	58	0.510
14	0.454	29	0.225	44	0.564	59	0.250
15	0.225	30	0.452	45	0.276	—	—

最大波浪上托力发生时各测点对应压强(3) 表5-5

波高 $H=7.0$cm,周期 $T=1.20$s,超高3cm,最大波浪上托力118.96N/m							
测点	压强(kPa)	测点	压强(kPa)	测点	压强(kPa)	测点	压强(kPa)
1	0.311	16	0.976	31	0.397	46	0.316
2	0.655	17	0.300	32	0.321	47	0.458
3	0.340	18	0.268	33	0.530	48	0.344
4	0.283	19	0.471	34	0.205	49	0.324
5	0.487	20	0.315	35	0.356	50	0.377
6	0.387	21	0.311	36	0.381	51	0.495
7	0.367	22	0.326	37	0.423	52	0.306
8	0.371	23	0.405	38	0.320	53	0.205
9	0.429	24	0.325	39	0.210	54	0.311
10	0.329	25	0.326	40	0.301	55	0.370
11	0.210	26	0.300	41	0.306	56	0.485
12	0.336	27	0.365	42	0.403	57	0.376
13	0.391	28	0.456	43	0.305	58	0.610
14	0.469	29	0.325	44	0.634	59	0.376
15	0.305	30	0.630	45	0.341	—	—

最大波浪上托力发生时各测点对应压强(4) 表5-6

波高 $H=6.0$cm,周期 $T=1.00$s,超高3cm,最大波浪上托力105.57N/m							
测点	压强(kPa)	测点	压强(kPa)	测点	压强(kPa)	测点	压强(kPa)
1	0.366	16	0.364	31	0.308	46	0.346
2	0.334	17	0.310	32	0.402	47	0.612
3	0.355	18	0.403	33	0.456	48	0.230
4	0.397	19	0.496	34	0.230	49	0.229
5	0.507	20	0.275	35	0.301	50	0.211
6	0.207	21	0.265	36	0.421	51	0.450
7	0.247	22	0.562	37	0.607	52	0.203
8	0.329	23	0.438	38	0.206	53	0.095
9	0.571	24	0.285	39	0.035	54	0.351
10	0.271	25	0.062	40	0.267	55	0.255
11	0.100	26	0.290	41	0.418	56	0.440
12	0.382	27	0.375	42	0.549	57	0.276
13	0.531	28	0.495	43	0.250	58	0.446
14	0.508	29	0.265	44	0.364	59	0.317
15	0.220	30	0.356	45	0.297	—	—

最大波浪上托力发生时各测点对应压强(5) 表5-7

波高 $H=5.0$cm,周期 $T=0.80$s,超高2cm,最大波浪上托力52.46N/m							
测点	压强(kPa)	测点	压强(kPa)	测点	压强(kPa)	测点	压强(kPa)
1	0.145	16	0.278	31	0.230	46	0.320
2	0.240	17	0.250	32	0.279	47	0.121
3	0.165	18	0.215	33	0.184	48	0.075
4	0.250	19	0.190	34	0.110	49	0.230
5	0.192	20	0.085	35	0.250	50	0.215
6	0.102	21	0.230	36	0.270	51	0.245
7	0.210	22	0.215	37	0.115	52	0.105
8	0.240	23	0.120	38	0.112	53	0.035
9	0.201	24	0.090	39	0.005	54	0.205
10	0.101	25	0.015	40	0.110	55	0.213
11	0.065	26	0.250	41	0.275	56	0.175
12	0.230	27	0.240	42	0.116	57	0.065
13	0.255	28	0.195	43	0.140	58	0.261
14	0.209	29	0.075	44	0.245	59	0.191
15	0.110	30	0.284	45	0.215	—	—

从表5-2～表5-7可以看出，码头面板在静水面以上的超高对总波浪上托力和冲击压强影响很大，随着超高的增大，波浪上托力和冲击压强减小。以往的研究成果表明，相对超高（$\Delta h/H$，H为入射波波高，Δh即超高为静水面与码头面板底部之间的距离）是影响最大冲击压强和最大总上托力最复杂的因素之一，对于波浪冲击角度而言，相对超高越大，波面角度就变得越小，空气层的影响就越大；但另一方面，相对超高越大，波浪与面板之间的空间就越大，波面上升至平板的时间长，空气逃逸的可能就越大，同时超高的增大，必然引起波面上升速度的减小，使冲击压强反而减小，波浪总上托力随着超高的变化规律与冲击压强总体上相似。已有多数研究表明，波浪最大冲击压强和上托力一般发生在相对超高为0.2～0.4。但已有多数研究与本次试验不同，其均是在波浪无反射或者反射很小的情况下进行的，面板下部的波浪可以按原始推进波考虑，而本次试验由于墩柱对波浪的反射作用比较明显，面板下的波浪由于墩群间的相互散射影响，面板下的波高远大于原始推进波，此时根据本次研究对应的波峰面高度试验成果，将其最大波峰面高度对应的波高与超高的比值作为相对超高（表5-8），发现最大冲击压强和上托力与该相对超高的关系与已有研究成果得到的规律是相一致的，本次试验各波况下最大冲击压强和波浪上托力均发生在相对超高为0.2左右，当相对超高小于0.2时，其最大冲击压强反而小。

相对超高与最大波浪上托力和冲击压强 表5-8

试验组次	波峰面高程试验实测最大波高（cm）	周期（s）	板宽（cm）	超高（cm）	相对超高	最大波浪上托力（N/m）	最大冲击压强（kPa）
1	16.09	1.60	42	10.0	0.62	10.94	0.27
2	16.09	1.60	42	9.0	0.56	27.60	0.60
3	16.09	1.60	42	8.0	0.50	36.08	1.11
4	16.09	1.60	42	7.0	0.44	48.49	1.48
5	16.09	1.60	42	6.0	0.37	90.16	1.76
6	16.09	1.60	42	5.0	0.31	94.28	2.16
7	14.91	1.40	42	9.0	0.60	8.83	0.19
8	14.91	1.40	42	8.0	0.54	26.11	0.53
9	14.91	1.40	42	7.0	0.47	44.76	1.32
10	14.91	1.40	42	6.0	0.40	70.21	1.53
11	14.91	1.40	42	5.0	0.34	93.39	2.23

续上表

试验组次	波峰面高程试验实测最大波高(cm)	周期(s)	板宽(cm)	超高(cm)	相对超高	最大波浪上托力(N/m)	最大冲击压强(kPa)
12	14.91	1.40	42	4.0	0.27	118.81	2.75
13	13.30	1.20	42	7.0	0.53	22.03	0.23
14	13.30	1.20	42	6.0	0.45	41.97	1.21
15	13.30	1.20	42	5.0	0.38	53.13	1.37
16	13.30	1.20	42	4.0	0.30	71.29	2.39
17	13.30	1.20	42	3.0	0.23	118.96	2.85
18	12.11	1.00	42	6.0	0.50	16.53	0.35
19	12.11	1.00	42	5.0	0.41	41.76	0.74
20	12.11	1.00	42	4.0	0.33	63.32	1.12
21	12.11	1.00	42	3.0	0.25	105.57	1.65
22	12.11	1.00	42	2.0	0.17	101.67	1.57
23	9.30	0.80	42	5.0	0.54	3.28	0.11
24	9.30	0.80	42	4.0	0.43	15.43	0.37
25	9.30	0.80	42	3.0	0.32	27.68	0.86
26	9.30	0.80	42	2.0	0.22	52.46	0.98
27	9.30	0.80	42	1.0	0.11	44.03	0.85
28	8.05	0.60	42	4.0	0.50	2.62	0.21
29	8.05	0.60	42	3.0	0.37	10.61	0.71
30	8.05	0.60	42	2.0	0.25	16.82	1.02
31	8.05	0.60	42	1.0	0.12	14.09	0.81

从表5-2～表5-8可以看出,码头面板最大上托力发生时并不一定对应最大冲击压强,在相对超高一定时,波高越大,总上托力越大,同时总上托力最大时,各测点压强分布比较均匀。

5.1.2 面板底部波浪压强特征

本书针对码头面板底部所受的波浪压强进行了分析,面板底部所受的波浪压强随波浪的传播呈周期性变化,图5-3～图5-5为不同试验组次一个波浪周期内面板下压强随时间的变化过程。

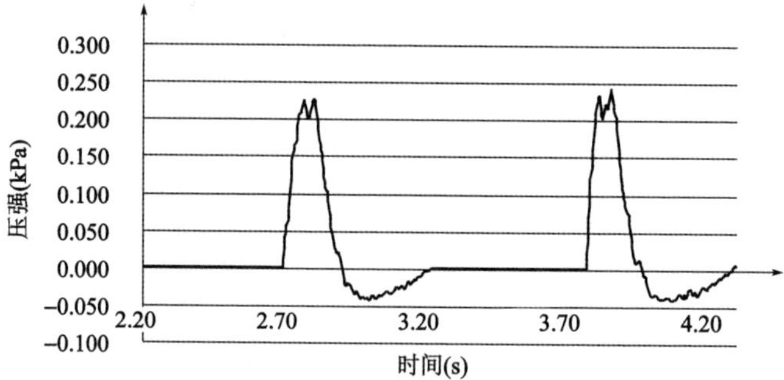

图 5-3　不同试验组次一个波浪周期内面板下压强随时间的变化过程(1)

注:$H=6\text{cm}$,$T=1.0\text{s}$,超高 4cm。

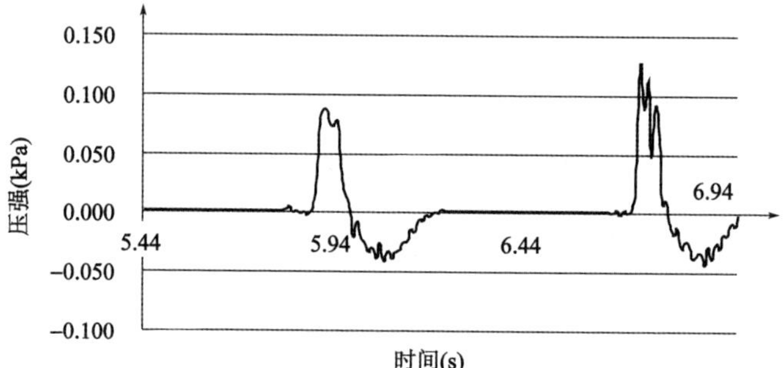

图 5-4　不同试验组次一个波浪周期内面板下压强随时间的变化过程(2)

注:$H=5\text{cm}$,$T=0.8\text{s}$,超高 3cm。

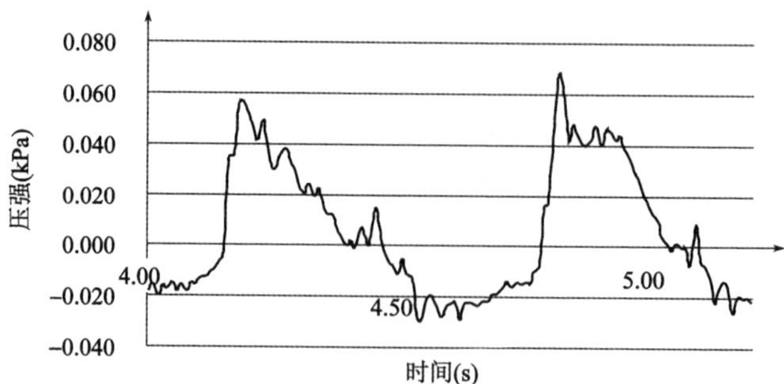

图 5-5　不同试验组次一个波浪周期内面板下压强随时间的变化过程(3)

注:$H=4\text{cm}$,$T=0.6\text{s}$,超高 1cm。

从图 5-3 ~ 图 5-5 中可以看出,面板下波浪上托压强,主要表现为一个瞬时的冲击部分和一个缓慢变化的部分,瞬时冲击部分显然是由波浪冲击力引起,这主要是高速运动的水质点受到面板的阻碍所致。这种冲击之后,波浪压强迅速减小,又由于冲击后波浪破碎产生气泡等多种复杂因素的影响,压强回落的过程

中有时还会出现波动,并在波面离开面板时出现负压。同时,冲击压强通常远大于缓变的静水压强,不同的波况冲击压强的峰值是不相等的,即使同一波况下,其也随时间和位置的变化而变化。图 5-6 为一个波浪周期作用下,面板各测点压强变化。

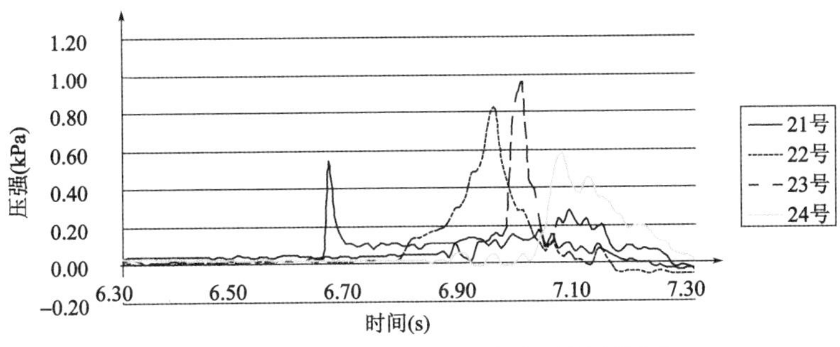

图 5-6　一个波浪周期作用下,面板各测点压强变化

注:$H=6\text{cm}$,$T=1.0\text{s}$,超高 4cm。

由图 5-6 可见,虽然冲击压强的大小在各测点并不相同,也没有明显的变化规律,但其发生冲击的时间随着位置的后移(21 号、22 号、23 号、24 号测点位于与原始推进波波峰线垂直的同一直线上,21 号在最前沿,22 号、23 号、24 号依次在其后)而明显后移。

5.1.3　面板底部波浪上托力特征

码头面板底部所受波浪上托力的特征与其所受冲击压强相类似,总上托力随时间周期性变化(图 5-7),主要表现为一个瞬时冲击压力和缓慢变化的压力过程(图 5-8)。

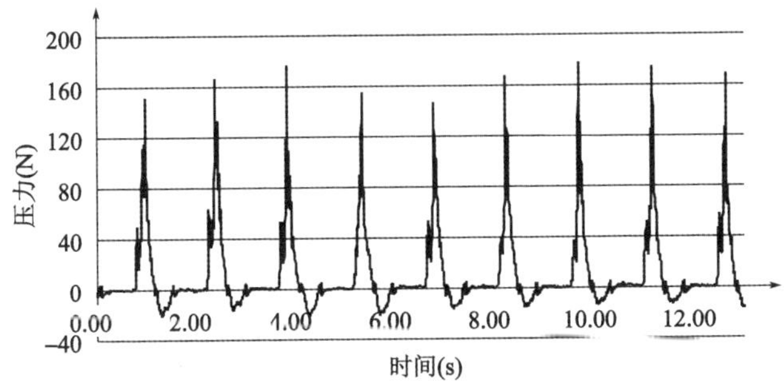

图 5-7　码头面板所受波浪总上托力随时间周期性变化过程

注:$H=8\text{cm}$,$T=1.4\text{s}$,超高 5cm。

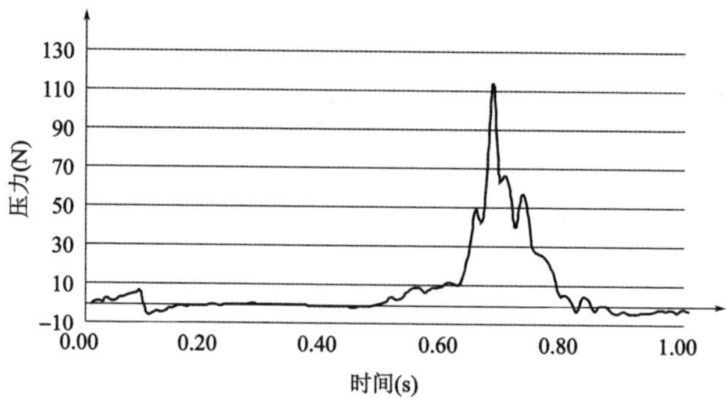

图5-8 码头面板所受波浪总上托力随时间变化过程

注：$H=6\text{cm}$，$T=1.0\text{s}$，超高4cm。

已有研究成果表明，当码头面板下波浪反射程度很小或没有反射时，码头面板底部波浪总上托力是由同一时刻板下各点压强与其对应代表面积乘积之和构成，根据码头面板底部压强特征，冲击压强并非同时发生在码头面板的各部分，冲击压强的大小各测点并不相同，也没有明显的变化规律，其发生冲击的时间也不相同。波浪接触码头面板后，其对码头面板的作用是从冲击点沿波浪传播方向向后方移动的，最大冲击压强一边改变，一边向前推进，传播的时间和距离通常与入射波的波长和波速有关。在波浪传播过程中，随着波浪冲击压前锋不断向码头面板后推进，波浪压力覆盖的范围越来越大，但同时波浪前锋扫过的区域压强开始逐渐减小，因此，在波浪对码头面板作用过程中，最大冲击压强可能在开始就出现，但码头面板底部的总波浪上托力却随着受力宽度的增大而增大，当冲击压的前锋不再能继续传播或面板前部已发生冲击处的压强大幅度减小，即压力分布宽度的增长不足以抵消沿程压强减小量时，总上托力开始逐渐减小。此后，随着冲击压的继续前进，在板后仍可能出现较大的冲击压强，但总上托力将不断减小。由此可见，当码头面板底部发生最大冲击压强时，面板最大上托力并不一定同步出现，它们所对应的压强分布形式也不一致，最大总上托力的压强分布通常为均匀型。

5.2 码头面板所受波浪上托力计算公式

影响码头面板上托力的因素很多，波浪上托力计算是一个非常复杂的问题。目前各国学者为此做了相当多的理论和试验研究，并提出了许多波浪冲击压强和总上托力计算公式，但均有一定的局限性。经分析，考虑波浪反射的圆形沉箱重力墩式码头面板受力结果，可以在合田良实关于栈桥面板上托力公式基础上

对 ξ 进行修正，根据有关实测数据得到本次研究情况下的有关计算公式。修正后的压力修正系数用 ξ_1 表示，见表 5-9。

修正后的压力修正系数 ζ_1 值 表 5-9

$\frac{\Delta h_0}{H}$	1.0	0.9	0.8	0.7	0.6	0.5	0.4	0.3	0.2	0.1
ξ_1	0.05	0.10	0.25	0.30	0.25	0.22	0.20	0.15	0.11	0.05

根据以上的分析，归纳圆形沉箱墩式透空结构码头面板波浪最大上托力计算公式：

$$P = \xi_1 \gamma \cdot H \frac{L}{4} \text{th} \frac{2\pi h}{L} \cdot \left(\frac{H}{\Delta h_0} - \frac{\Delta h_0}{H} \right) \tag{5-1}$$

式中：P——单位宽度面板波浪最大上托力(kN/m)；

ξ_1——压力修正系数，随面板在波浪中心线上的不同高度而变化，见表 5-9；

γ——水的重度(kN/m^3)；

L——原始推进波波长(m)；

h——栈桥前水深(m)；

Δh_0——栈桥面板在波浪中心线上的超高(m)，可表示为

$$\Delta h_0 = \Delta h - \frac{\pi H^2}{L} \text{ch} \frac{2\pi h}{L}$$

式中：Δh——栈桥面板在静水面上的超高(m)。

表 5-10 为本次研究得到的最大波浪上托力拟合公式计算值和实测值。图 5-9 为最大波浪上托力拟合公式实测值和计算值的比较。

最大波浪上托力拟合公式计算值和实测值结果 表 5-10

试验组次	波高(cm)	周期(s)	水深(cm)	波长 L (cm)	板宽 B (cm)	超高(cm)	墩纵中心间距 B_1 (cm)	$\frac{\Delta h}{H}$	$\frac{\Delta h_0}{H}$	墩径 D (cm)	ξ_1	最大波浪上托力(N/m)	
												计算值	实测值
1	9.0	1.60	30.0	253.0	42.0	10.0	40.0	1.11	0.93	16.0	0.09	4.32	10.94
2	9.0	1.60	30.0	253.0	42.0	9.0	40.0	1.00	0.82	16.0	0.22	30.38	27.6
3	9.0	1.60	30.0	253.0	42.0	8.0	40.0	0.89	0.71	16.0	0.29	70.79	36.08
4	9.0	1.60	30.0	253.0	42.0	7.0	40.0	0.78	0.60	16.0	0.25	93.71	48.49
5	9.0	1.60	30.0	253.0	42.0	6.0	40.0	0.67	0.49	16.0	0.22	120.37	90.16
6	9.0	1.60	30.0	253.0	42.0	5.0	40.0	0.56	0.38	16.0	0.20	159.50	94.28

续上表

试验组次	波高(cm)	周期(s)	水深(cm)	波长 L (cm)	板宽 B (cm)	超高(cm)	墩纵中心间距 B_1 (cm)	$\frac{\Delta h}{H}$	$\frac{\Delta h_0}{H}$	墩径 D (cm)	ξ_1	最大波浪上托力(N/m)	
												计算值	实测值
7	8.0	1.40	30.0	215.0	42.0	9.0	40.0	1.13	0.96	16.0	0.09	2.29	8.83
8	8.0	1.40	30.0	215.0	42.0	8.0	40.0	1.00	0.83	16.0	0.18	19.96	26.11
9	8.0	1.40	30.0	215.0	42.0	7.0	40.0	0.88	0.71	16.0	0.30	62.46	44.76
10	8.0	1.40	30.0	215.0	42.0	6.0	40.0	0.75	0.58	16.0	0.24	80.39	70.21
11	8.0	1.40	30.0	215.0	42.0	5.0	40.0	0.63	0.46	16.0	0.23	117.41	93.29
12	8.0	1.40	30.0	215.0	42.0	4.0	40.0	0.50	0.33	16.0	0.17	130.28	118.81
13	7.0	1.20	30.0	177.0	42.0	7.0	40.0	1.00	0.84	16.0	0.18	14.53	22.03
14	7.0	1.20	30.0	177.0	42.0	6.0	40.0	0.86	0.70	16.0	0.30	52.39	41.97
15	7.0	1.20	30.0	177.0	42.0	5.0	40.0	0.71	0.56	16.0	0.24	70.57	53.13
16	7.0	1.20	30.0	177.0	42.0	4.0	40.0	0.57	0.41	16.0	0.20	95.80	71.29
17	7.0	1.20	30.0	177.0	42.0	3.0	40.0	0.43	0.27	16.0	0.14	112.89	118.96
18	6.0	1.00	30.0	137.0	42.0	6.0	40.0	1.00	0.84	16.0	0.17	10.58	16.53
19	6.0	1.00	30.0	137.0	42.0	5.0	40.0	0.83	0.68	16.0	0.28	39.71	41.76
20	6.0	1.00	30.0	137.0	42.0	4.0	40.0	0.67	0.51	16.0	0.22	57.28	63.32
21	6.0	1.00	30.0	137.0	42.0	3.0	40.0	0.50	0.34	16.0	0.17	77.32	105.64
22	6.0	1.00	30.0	137.0	42.0	2.0	40.0	0.33	0.18	16.0	0.09	87.30	101.67
23	5.0	0.80	30.0	96.0	42.0	5.0	40.0	1.00	0.83	16.0	0.19	8.01	3.28
24	5.0	0.80	30.0	96.0	42.0	4.0	40.0	0.80	0.63	16.0	0.27	28.70	15.43
25	5.0	0.80	30.0	96.0	42.0	3.0	40.0	0.60	0.43	16.0	0.21	44.18	27.68
26	5.0	0.80	30.0	96.0	42.0	2.0	40.0	0.40	0.23	16.0	0.12	56.85	52.46
27	5.0	0.80	30.0	96.0	42.0	1.0	40.0	0.20	0.03	16.0	0.02	56.86	44.03
28	4.0	0.60	30.0	56.0	42.0	4.0	40.0	1.00	0.78	16.0	0.26	7.21	2.62
29	4.0	0.60	30.0	56.0	42.0	3.0	40.0	0.75	0.53	16.0	0.23	17.30	10.61
30	4.0	0.60	30.0	56.0	42.0	2.0	40.0	0.50	0.28	16.0	0.14	26.13	16.82
31	4.0	0.60	30.0	56.0	42.0	1.0	40.0	0.25	0.03	16.0	0.02	32.74	14.09

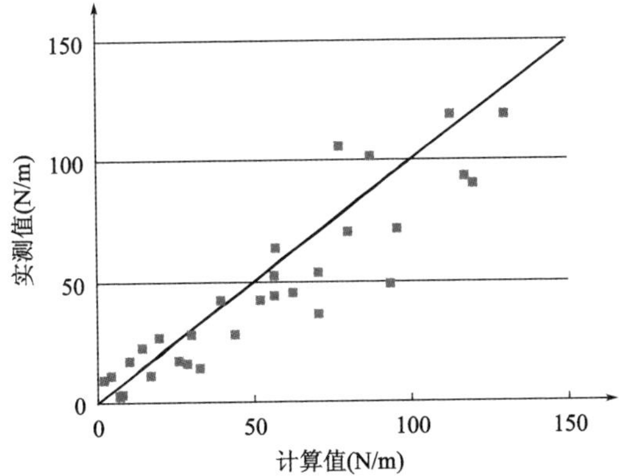

图5-9　最大波浪上托力拟合公式计算值和实测值的比较

第 6 章　码头面高程确定方法探讨

从本次研究以及以往研究成果分析，码头结构形式对波浪波峰面的影响很显著，对于码头面板所受波浪上托力的影响更大。不同结构形式对码头面高程的确定起着重要作用，而码头面高程的确定与码头前沿或码头处最大波峰面高度直接相关，因此结构形式对码头面高程确定的影响主要表现在码头结构形式对波浪的反射作用强弱方面，反射作用强，相应的波峰面高度就大，因而码头面高程就越高。从码头面板受力的角度来讲，结构形式的影响就更大，不同结构形式码头面板所受波浪力差别很大。已有的研究成果和本次研究成果表明，透空结构所受最大波浪上托压强一般发生在相对超高 $\Delta h/H$ 在 0.2 ~ 0.4，这种冲击性荷载对码头结构的安全有重大的影响：当码头面高程过低时，码头上水将威胁码头面上作业机械安全；而码头面高程过大时，又将影响到工程的经济性。因此，采用一种对波浪反射作用较小的结构，对于降低码头面高程将会起到比较大的作用。在目前的开敞式码头工程中，对波浪反射影响较小的结构主要是桩基透空结构。但由于桩基结构本身的特点，其适用于软土地基，对于海底岩面较高的地区，其不太适用；并且其耐久性较差，土体的侧向变形，易造成桩的开裂；同时随着船舶的大型化，船舶吃水加大及靠船力的增加，大型深水码头，采用普通钢筋混凝土桩已不能满足荷载要求，因而大直径预应力钢筋混凝土管桩及钢管桩往往被采用，但其造价比较昂贵。

本书针对圆形沉箱重力墩式结构开敞式码头波峰面高度和码头面板所受波浪上托力进行了系列研究，为该结构的码头面高程确定提供了科学依据，主要研究内容特点归纳如下。

(1)当不允许码头上水时：码头面高程 = 最大波峰面高程 + 面板高度。

其中，最大波峰面高程可以根据本次研究得到的经验公式进行计算。计算时，采用设计水位重现期 50 年 $H_{1\%}$ 波浪要素。

(2)当允许码头上水，可根据本次研究得到的码头面板波浪上托力经验公式对码头面板进行受力计算，最后根据设计实际情况确定码头面高程。

由于本书的研究主要针对圆沉箱重力墩式结构进行，不同结构形式对波浪波峰面的影响不同，对面板上托力的影响可能更大，以上关于圆沉箱重力墩式码头波峰面高度及码头面高程确定的方法为探索性的研究，其适用的普遍性还需要在以后的工作中进一步研究，更有待于通过工程实际的原型观测进行验证。

本书的研究入射波浪条件未考虑波浪破碎的情况，关于破碎波对圆沉箱重力墩波峰面及面板受力的研究，是今后值得深入的一点。

同时本次研究由于试验条件的限制，未进行多向不规则波试验，目前，多向不规则对水工结构物的影响研究的较少，开展多向波规则波对圆沉箱墩式码头的作用，是对本书研究成果进一步提高和完善。

参考文献

[1] 季则舟. 半开敞式码头面顶高程确定方法的探讨[J]. 港工技术,2005(1).

[2] 张定军. 开敞式码头顶面高程的确定[J]. 水运工程,2005(3).

[3] 交通运输部. 海港总体设计规范:JTS 165—2013[S]. 北京:人民交通出版社,2014.

[4] 东北地区大型开敞式码头建设关键技术研究[R]. 中交水规院,交通部天津水运工程科学研究院,大连理工大学,2008.

[5] 张宁川,等. 大连港矿石专用码头工程水转水泊位水工物理模型试验研究系列报告[R]. 大连理工大学海岸和近海工程国家重点实验室,2004.

[6] 白景涛,胡家顺. 椭圆沉箱墩式码头新结构的研究与设计[J]. 水运工程,2006(11).

[7] Murrray J J, Kanplan P, Yu W C. Experimental and Analytical Studies of Wave Impact Forces on Ekofisk Platform Deck Structures[C]//Offshove Technology Conference, 1995:OTC-7782-MS.

[8] Dalton C, Nash J M. Wave Slam on Horizontal Members of an Offshore Platform [C]//Offshove Technology Conference, 1976: OTC-2500-MS.

[9] 兰雅梅,刘桦. 波浪对承台冲击作用的试验研究[C]//第七届全国水动力学学术会议暨第十九届全国水动力学研讨会文集(上册),2005.

[10] 刘立平. 墩柱结构及其海床土体在波浪作用下的动态响应[D]. 武汉:武汉理工大学,2004.

[11] 朱大同,等. 圆形墩柱上的波浪水平力和浮托力计算[J]. 水运工程,2000(5).

[12] 张务德. 作用在墩柱平台结构上的波浪力[J]. 科技通报,2001(4).

[13] 交通运输部. 港口与航道水文规范:JTS 145—2015[S]. 北京:人民交通出版社股份有限公司,2016.

[14] MacCamy R C, Fuchs R A. Wave force on piles: a diffraction theory[C]//Tech Memo 69 Beach Erosion Board, 1954.

[15] 邱大洪. 波浪理论及其在工程上的应用[M]. 北京:高等教育出版社,1984.

[16] 竺艳蓉. 海洋工程波浪力学[M]. 天津:天津大学出版社,1991.

[17] 李玉成,滕斌. 波浪对海上建筑物的作用[M]. 北京:海洋出版社,2002.

[18] 宋礽,白立兴. 波浪对离岸透空式码头上部结构的作用[J]. 港工技术,1997(4).
[19] Qiu Dahong, et cl. Wave Lift Force on the Bottom of Gravity Platform[C]//In Proceedings of Offshore Structure Dynamic Symposium, Oregon, 1986.
[20] Suchithra N, Paul Mario Koola. A Study of Wave Impact on Horizontal Slabs [J]. Ocean Engineering, 1995,22(7).
[21] Kanplan P, Silbert M N. Impact Forces on Platform Horizontal Members in the Splash Zone[C]//Offshove Technology Conference,1976,OTC-2498-MS.
[22] Kanplan P, Murrray J J, Yu W C. Theoretical Analysis of Wave Impact Forces on Platform Deck Structures[C]//OMAE, 1995.
[23] Morison J R, W Johnson J, Schaaf S A. Forces exerted by surface waves on piles [J]. JPT, 1950.
[24] 严恺,梁其荀. 海岸工程[M]. 北京:海洋出版社,2002.
[25] 李炎保,黄凌燕. 开敞码头上部结构波浪上托力的试验研究[J]. 港口工程,1997(6).
[26] Wang Y X, Ren B. Experimental Study of Irregular Wave Slamming[C]// ISOPE, Kitakyushu, Japan, 2002.
[27] 任冰. 随机波浪对不同接岸型式码头上部结构的冲击作用研究[D]. 大连:大连理工大学,2003.
[28] 交通部第一航务勘察设计院. 海港工程设计手册[S]. 北京:人民交通出版社,1994.
[29] 过达,蔡保华. 透空式建筑物面板波浪上托力计算[J]. 华东水利学院学报,1980(1).
[30] 周益人,陈国平,黄海龙,等. 透空式水平板波浪上托力冲击压强试验研究[J]. 海洋工程,2004(3).
[31] 周益人,陈国平,黄海龙,等. 透空式水平板波浪上托力分布[J]. 海洋工程,2003(4).
[32] 日本港湾协会. 港口设施技术标准·解说[S]. 中国工程建设标准化协会水运工程委员会,译. 1993.
[33] 交通部. 波浪模型试验规程:JTJ/T 234—2001[S]. 北京:人民交通出版社,2002.